A LEI da Felicidade

DR. HENRY CLOUD

A Lei da Felicidade

Como a sabedoria espiritual e a ciência moderna podem mudar sua vida

TRADUÇÃO
Magda Lopes

Planeta

Título original: *The law of happiness*
Tradução publicada em acordo com a editora original, Howard Books, uma divisão da Simon & Schuster, Inc.

Preparação de texto: Tulio Kawata
Revisão: Aracelli de Lima
Diagramação: Triall
Capa: adaptada do projeto gráfico original de Lucas Art & Design
Imagem da capa: Hemera Photo

Dados Internacionais de Catalogação na Publicação (CIP)
(Câmara Brasileira do Livro, SP, Brasil)

Cloud, Henry
A lei da felicidade: como a sabedoria espiritual e a ciência moderna podem mudar sua vida / Henry Cloud; tradução Magda Lopes. – São Paulo : Editora Planeta do Brasil, 2011.

Título original: The law of happiness.
Bibliografia.
ISBN 978-85-7665-638-8

1. Felicidade – Aspectos religiosos – Cristianismo I. Título.

11-05165 CDD-248.4

Índice para catálogo sistemático:
1. Felicidade : Aspectos religiosos: Cristianismo 248.4

2011

EDITORA PLANETA DO BRASIL
Avenida Francisco Matarazzo, 1500 | 3º. Andar | conj. 32 B
Edifício New York | 05001-100 | São Paulo-SP
www.editoraplaneta.com.br
vendas@editoraplaneta.com.br

Para minhas filhas, Olivia e Lucy.
A felicidade que vocês me proporcionam é imensurável.

SUMÁRIO

INTRODUÇÃO

Da Lei da Atração à Lei da Felicidade

ALGUNS ANOS ATRÁS, um livro chamado *O segredo*, de Rhonda Byrne, abalou o mundo com a afirmação de que o verdadeiro segredo da vida e da felicidade está em uma força chamada "lei da atração". Na verdade, a premissa do livro, como você deve se lembrar, é de que todo o universo é governado por esse princípio. A afirmação de Byrne era que o universo responde aos seus pensamentos e que você atrai a felicidade para si mesmo pelo poder do que pensa. Se você tiver pensamentos positivos, o universo responderá aos seus pensamentos trazendo-lhe resultados positivos, e, se tiver pensamentos negativos, seus resultados serão negativos. Milhões de pessoas reagiram à ideia de que essa lei única era o segredo da felicidade e de tudo o que desejavam na vida. E, como psicólogo e *coach* de desempenho, posso sem dúvida lhes dizer que as pessoas que pensam positivamente têm resultados muito melhores do que aquelas que pensam negativamente. Com toda a certeza.

Embora o livro de Rhonda Byrne trate de conceitos conectados com a espiritualidade, ele também suscita muitas questões sobre a maneira como a lei da atração se conecta com as visões mais tradicionais da espiritualidade, com Deus e com coisas similares. O primeiro livro desta série, *Os segredos de Deus*, examinou em que aspectos esses princípios estavam de acordo com a fé tradicional, em que aspectos discordavam dela e também o que a experiência clínica e a pesquisa dizem sobre as mesmas questões. Foi realmente um projeto significativo para mim, e muitos leitores também reagiram bem a ele.

Então isso nos leva à pergunta "e agora?". Que outros tópicos do bem-estar pessoal também se conectam com a espiritualidade e com a sabedoria espiritual? Quando minha editora me fez essa pergunta e me indagou sobre o que eu gostaria de escrever a respeito disso, a resposta foi imediata:

— Quero escrever sobre a felicidade — disse eu.

— A felicidade? Por que sobre a felicidade? — perguntou ela.

Expliquei-lhe que, nos últimos anos, o campo da psicologia estava explorando ativamente o que é chamado de "psicologia positiva". Vários anos atrás, Martin Seligman (então presidente da Associação Americana de Psicologia) e outros promoveram a mensagem de que, embora a psicologia tenha dado passos largos em seus estudos sobre o lado "negativo" da vida — como a depressão, o trauma, a ansiedade —, ela passou relativamente pouco tempo estudando o lado "positivo" da vida. Tópicos como a felicidade, o bem-estar, as potencialidades etc. não haviam recebido a mesma atenção, especialmente por parte da pesquisa científica. Os pesquisadores começaram a responder com profundidade a esse apelo.

O resultado foi uma enorme quantidade de estudos empíricos que lançaram uma luz substancial sobre questões como: "De onde vem a felicidade?"; "As pessoas podem aumentar sua felicidade?"; "Ela está sob nosso controle?". A boa notícia é que essa pesquisa realmente produziu muitas respostas. Agora sabemos — não apenas pela experiência, mas também por dados científicos — muita coisa sobre as fontes da felicidade e sobre os estilos de vida e as práticas que realmente produzem um bem-estar geral.

Teria sido interessante escrever sobre essa pesquisa da felicidade e como ela se aplica à vida, mas isso já foi feito por outros. Não sentia a necessidade de adicionar mais um à lista dos bons livros escritos sobre o assunto. Porém, eu me senti impelido a escrever um livro sobre a felicidade para a série *Os segredos de Deus* por algo que aconteceu comigo enquanto eu estava investigando o campo da psicologia positiva.

À medida que a profissão produzia cada vez mais informações sobre o lado positivo da vida, aprender se tornou algo muito divertido, e os dados condiziam claramente com a minha experiência, tanto do ponto de vista profissional quanto do pessoal. Testemunhei em primeira mão as verdades que a pesquisa estava revelando e, portanto, adorei o que estava estudando. Mas, para mim, foi muito mais do que isso.

Foi também uma jornada espiritual. *Enquanto eu lia os achados da pesquisa, sentia-me como se estivesse lendo a Bíblia.* Era como se alguém pegasse os dados e colocasse a Bíblia sobre eles e o ajuste fosse perfeito. Basicamente, repetidas vezes os poderosos achados da pesquisa eram os mesmos que a antiga sabedoria espiritual encontrava nas Escrituras. Eu via Moisés, Salomão, Jesus e Paulo enquanto lia cada um daqueles estudos, que provavam que a felicidade e a realização não estão em nossas circunstâncias, em nossas contas bancárias, em nossas posses materiais ou em nossas conquistas. Em vez disso, o que a pesquisa revelava era que a felicidade vinha principalmente de como vivemos nossa vida e em que atividades decidimos investir nosso coração, nossa mente, nossa alma e nossa força.

Por isso eu queria escrever este livro sobre a felicidade em uma série de livros que mostram como a fé se integra com a vida. Assim como a Bíblia tem muito a dizer sobre o "pensamento positivo" e a lei da atração, ela tem mais ainda a dizer sobre a felicidade e a realização. Na verdade, uma das minhas palavras favoritas, que lemos repetidas vezes na Bíblia, é a palavra hebraica *shalom,* que, entre outras coisas, significa paz, felicidade, bem-estar, totalidade, integralidade e prosperidade — a maior parte do que temos em vista quando dizemos que queremos ser "felizes". Em resumo, podemos ter certeza de que o Criador sempre esteve interessado na nossa felicidade e no nosso bem-estar.

Mas, além disso, Ele também está interessado em que saibamos como encontrar o *shalom: investindo nossa vida nas maneiras como Ele designou que a vida deveria ser vivida.* E foi sobretudo nesse ponto que a pesquisa me impactou. Ela estava literalmente provando, por meio da ciência, que o caminho para a felicidade é o caminho que há tanto tempo Deus estava nos dizendo para trilhar. A felicidade acontece como um subproduto da "vida bem vivida". E foi isso que me levou ao título

A lei da felicidade: eu queria mostrar as duas coisas que a pesquisa havia me mostrado.

Em primeiro lugar, que a felicidade pode ser encontrada e que há princípios e práticas que revelam isso. Em segundo lugar, esses princípios e práticas, a "lei da felicidade", são aqueles que Deus nos apresentou em toda a sua "lei", as Escrituras. Desde o Torá, que significa "instrução", e em todo o resto da Bíblia, Ele nos mostrou a "lei da felicidade". E agora a ciência comprovou o que a Bíblia disse o tempo todo. Para mim, essa era realmente uma coisa fantástica a ser contemplada, e espero que também o seja para você — que você também sinta como a fé e a ciência interagem.

Portanto, junte-se a mim enquanto observamos o que a ciência revela e o que a instrução espiritual tem nos mostrado sobre a origem da felicidade. *Shalom.*

1

A CIÊNCIA DA FELICIDADE

MEU COAPRESENTADOR no nosso programa de rádio *New Life Live!* vibrou de entusiasmo quando, certo dia, eu abri meu minicomputador antes do programa.

— Estou tão empolgado — exclamou ele. — Acabei de comprar um desses e mal posso esperar para usá-lo. As pessoas me dizem que o que conseguem fazer com ele é inacreditável!

— O que você quer dizer com "mal posso esperar para usá-lo"? — perguntei. — Se você o tem, então por que não o está usando?

— Há alguma coisa de errado com ele, e já marquei um horário com a assistência técnica para ver o que é. Eu o levei para casa e não consegui ligá-lo, por isso tenho de levá-lo para consertar.

— Isso é estranho — disse eu. — Não é comum venderem um aparelho que nem liga. O que você tentou fazer?

— Bem, eu pressionei os botões ali embaixo e cliquei várias vezes, e continuei tentando repetidamente, mas ele não responde a nada.

— Isso é muito estranho — respondi. — Mas por que você ficou pressionando esses botões? Esses são os acionadores do mouse. Você pressionou este aqui no canto?

— O que é esse botão? Eu não vi esse aí — disse ele enquanto olhava para a minha tela.

— Observe isto.

Quando acionei o botão de ligar, a familiar tela azul se acendeu, os efeitos sonoros fizeram-se ouvir e meu amigo olhou impressionado.

— O que você fez? — perguntou ele.

— Liguei o aparelho. Ele funciona melhor quando você faz isso.

Mas o que o computador do meu colega tem a ver com a felicidade? Muita coisa, como veremos.

Eis o que a pesquisa científica está descobrindo sobre a felicidade: *estamos conectados para experimentar a felicidade, mas continuamos pressionando os botões errados em nossos esforços para colocá-la em funcionamento.*

Como já mencionei, há mais de cem anos a psicologia tem com frequência se interessado pela felicidade apenas quando ela não existe. O interesse tem se concentrado mais no nosso sofrimento, em nossas mágoas, em nossa depressão e em nossa ansiedade: "Por que sofremos, e o que o doutor pode fazer a respeito?". E, como a pesquisa confirma, a psicologia tem feito um ótimo trabalho. Sabemos como tratar bem a depressão, a ansiedade, os vícios e outras questões. Os resultados são promissores. Se você está vivenciando qualquer um desses sofrimentos, há ajuda disponível. Eu o encorajo veementemente a buscar uma ajuda psicológica e psiquiátrica competente. Na nossa discussão sobre a felicidade, não quero parecer ignorar os sofrimentos muito reais enfrentados na vida.

Porém, e quanto ao lado positivo da vida? Há mais na vida além de se estar deprimido ou infeliz? O que a pesquisa científica descobriu é que, assim como os computadores estão destinados a funcionar quando ligados adequadamente, os humanos estão conectados de tal maneira que, quando propriamente "acionados", ficam mais felizes. O cérebro deles começa a secretar substâncias químicas que fazem com que eles se sintam melhor, o corpo fique mais saudável, eles ganhem mais dinheiro, seus relacionamentos melhorem, seu casamento fique mais gratificante, a vida fique mais longa e sua sensação geral de bem-estar e felicidade melhore. E o mais fantástico é que agora temos uma enorme quantidade de registros documentando exatamente onde estão os botões de acionamento e como ligá-los.

A LEI DA FELICIDADE

Os humanos estão conectados de tal maneira que, quando propriamente "acionados", ficam mais felizes.

Pressionando os botões errados

Infelizmente, em geral não sabemos onde estão os botões de acionamento, e por isso ficamos pressionando os botões errados, esperando estar a apenas um clique da felicidade. As pessoas assistem a programas de entrevistas na TV e acham que os especialistas entrevistados têm as respostas. Achamos que, se experimentarmos esta ou aquela dieta, fizermos o que diz determinado artigo de revista ou comprarmos o segredo que um comercial está nos vendendo, chegaremos à terra da felicidade. Estamos apenas a um clique de fazer tudo isso acontecer... Será que estamos?

Caímos na armadilha de pensar coisas como:

- Se eu pelo menos conseguisse ganhar um pouco mais de dinheiro, então seria feliz.
- Se ao menos eu conseguisse encontrar alguém especial e me casar, então seria feliz.
- Se eu conseguisse essa promoção, então seria feliz.
- Se eu conseguisse finalmente comprar uma casa, seria feliz.
- Se eu conseguisse me mudar e morar em uma cidade diferente, então seria feliz.
- Se eu pelo menos conseguisse ter aquele novo modelo (do que quer que seja), então seria feliz.
- Se eu pelo menos conseguisse obter o meu diploma de __________ , então seria feliz.
- Se eu conseguisse perder dez quilos, então seria feliz.
- Se eu fosse bonito(a), então seria feliz.
- Se eu conseguisse me mudar para aquele bairro, seria feliz.
- Se eu fosse rico, seria feliz.
- Se eu fosse famoso, seria feliz.

As pesquisas e a sabedoria espiritual revelam que, embora muitos desses itens certamente tenham valor, nenhum deles pode proporcionar uma felicidade muito *sustentável*. E é isso que quero dizer com "pressionar o botão errado". Embora grande parte do que precisamos para nos sentir melhor esteja prontamente disponível, com frequência não sabemos onde estão os botões certos, e continuamos a pressionar os botões errados, esperando que eles funcionem.

Caminhos para a felicidade insustentável

Há pelo menos três razões por que a nova casa, o novo emprego, o novo relacionamento, a conta bancária maior ou qualquer das outras coisas da lista não nos farão felizes.

Razão número um: nossas circunstâncias externas não têm o poder inerente para nos trazer felicidade

Se você observar a lista da página anterior, verá que todos esses desejos — assim como muitos outros — são circunstanciais. Eles são "estados" em que nos encontramos, como ser ricos ou pobres, diplomados ou não, locatários ou proprietários, magros ou gordos. Esses estados podem mudar em qualquer momento de nossa vida. Mas a maioria deles é "externa a nós". O que a pesquisa sobre a felicidade tem nos mostrado sobre as nossas circunstâncias? A resposta é surpreendente, especialmente porque vivemos em uma cultura obcecada por essa lista e por outras parecidas. Eis o achado: *as circunstâncias são responsáveis por apenas 10% da nossa felicidade.*[1]

É verdade que quando você consegue uma promoção ou aquele carro novo que desejava ou qualquer outra coisa da lista, durante algum tempo vai ter uma sensação de felicidade. Mas o que a ciência descobriu é que você pode achar que vai ficar muito mais feliz do que realmente fica depois de conseguir o que quer. As coisas ou os eventos circunstanciais têm o poder de nos tornar mais felizes — mas apenas um pouquinho — e, como veremos em seguida, somente por pouco tempo. Como meu pai costumava me dizer: "Filho, o dinheiro não compra a felicidade, mas pode lhe comprar um grande Cadillac vermelho dentro do qual você pode buscá-la."

Em outras palavras, o dinheiro não é uma coisa ruim, nem as belas casas. Mas não confie que ele seja a resposta para a felicidade. Eu me lembro de quando meu pai comprou seu primeiro Cadillac — e foi um dia feliz para ele —, mas, como vim a entender por minha vida e experiência profissionais, a felicidade que *ele trouxe* àquele dia por viver um determinado tipo de vida foi muito mais poderosa do que o carro jamais poderia trazer. Tudo o que o carro fez foi lhe proporcionar um veículo confortável para as várias atividades de sua vida, que já estavam produzindo sua felicidade real e duradoura e continuou a fazê--lo pela maior parte dos seus 94 anos.

O fato de nossas circunstâncias terem um poder limitado para nos fazer felizes tem sido documentado na pesquisa; mas, se você pensar por um minuto, vai perceber que já sabe disso por suas próprias observações enquanto está diante do caixa em qualquer supermercado. Olhe as manchetes das revistas e verá pessoas ricas, bonitas, realizadas, famosas, magras e bem-sucedidas, mas com todos os tipos de infelicidade, desde um relacionamento tumultuado até abuso de drogas, *overdose* e mesmo suicídio. Se coisas circunstanciais pudessem nos proporcionar uma felicidade duradoura, não estaríamos vendo essas tristes manchetes. E o reverso da moeda é o seguinte: se as coisas e os eventos circunstanciais são as fontes da felicidade, por que há tantas pessoas felizes que *não* têm muitas dessas coisas? Na verdade, os estudos têm mostrado que os níveis de felicidade entre as pessoas ricas e as pessoas de renda média não são tão diferentes. Eles dizem que, uma vez que determinado nível de segurança e sustento foi atingido, mais dinheiro não vai proporcionar muito mais felicidade.[2]

Razão número dois: a felicidade circunstancial não é duradoura

A pesquisa psicológica tem mostrado algo mais sobre "conseguir" ou "atingir" algum estado externo, circunstancial, como sendo o caminho para a felicidade: *ele não é duradouro*. Tem uma vida curta. Por isso, não só nossas circunstâncias e realizações são responsáveis por apenas uma pequena porcentagem da nossa felicidade, mas até mesmo o que elas conseguem contribuir para a felicidade evapora muito rapidamente. Por quê?

Parece que há algum tipo de "ponto de partida" para o nosso nível de felicidade que levamos conosco para toda parte, quase como um termostato.[3] Digamos que seu ponto de partida para todos os outros fatores em sua vida, além das circunstâncias, seja 70. Então, você consegue aquela casa nova e pula para 80 ou, durante um dia, para o que parece um 100! Isso acontece, por exemplo, quando as pessoas se apaixonam pelas pessoas de seus sonhos. Elas podem até exceder 100 nesse estado inicial. (Isso explica muitos comportamentos loucos.) Mas seja a casa, o aumento salarial ou o relacionamento, o que a pesquisa tem nos mostrado é que voltamos ao lugar onde estávamos antes. Voltamos ao nosso ponto de partida. Isso é chamado de "círculo vicioso hedônico". Por isso, como o bom-senso vai lhe dizer, você pode olhar para trás para as coisas pelas quais "seria capaz de morrer" e ver que agora elas estão guardadas na garagem, e você já não se importa muito com elas. O poder delas desapareceu.

Compare o comportamento das crianças na noite de Natal com o modo como atuam alguns meses mais tarde, quando os brinquedos com que ficaram tão excitadas estão deixados de lado e não mais são usados.

Lembro-me de quando estava na faculdade, estudando muito para conseguir meu diploma. Eu achava que, quando obtivesse aquele diploma, minha vida ia mudar. Pensava em todas as coisas que poderia fazer com ele e que todas as portas se abririam para mim. Quando finalmente o obtive, recordo-me da sensação inicial de realização quando fui ao hospital e eles me chamaram de "doutor". Foi uma sensação maravilhosa... durante alguns dias. Mas a verdade é que não pensei muito nisso desde então. Eu continuava sendo *eu*, quer fosse chamado de Henry ou de Dr. Cloud, e a minha felicidade dependia mais de eu estar praticando as leis da felicidade do que com o fato de ter um diploma. Conclusão: *a felicidade que as coisas ou circunstâncias externas proporcionam não é duradoura.*

Razão número três: Quando estamos buscando as coisas que não têm o poder de nos fazer felizes, estamos ignorando aquelas que o têm

Este é o outro lado da primeira razão sobre as respostas circunstanciais à felicidade. Os itens da lista não têm o poder de fazê-lo feliz, e enquanto você estiver concentrado nesse tipo de respostas, não estará concentrado nas coisas que *realmente* o farão feliz. É um pouco parecido com fazer dieta. Se tudo o que você está comendo são "porcarias", isso não apenas não está ajudando (e provavelmente o está prejudicando), como também está impedindo que você obtenha a nutrição que seu corpo necessita e que modificaria todo o seu metabolismo. Assim como o seu corpo necessita de determinados nutrientes para deixá-lo saudável, seu coração, sua mente e sua alma necessitam de determinadas práticas para fazê-los felizes.

Quando minhas duas filhas pequenas vão jogar futebol — e tudo o que querem no café da manhã são panquecas e geleia — elas têm dois problemas. O que *elas* querem comer não vai ajudá-las a jogar futebol (na verdade, terão uma grande queda de açúcar no segundo tempo do jogo), e, *se elas mesmas pudessem escolher o cardápio*, não estariam ingerindo as boas proteínas e os carboidratos complexos que as sustentariam durante toda a curva glicêmica. E os dados estão aí... Há "alimentos" de felicidade disponíveis que nos ajudarão em uma série de atividades conhecidas. Mas, se o nosso foco estiver nas coisas erradas, não realizaremos as atividades certas.

A ESTRUTURA MATEMÁTICA DA FELICIDADE

Uma extensa pesquisa tem nos mostrado o que é necessário para a felicidade. Eis a matemática:

> Como foi mencionado anteriormente, em qualquer momento, *as circunstâncias podem estar contribuindo em cerca de 10% para a sua felicidade.* Se a vida estiver indo bem, você tem um ganho, e se as circunstâncias da vida não forem tão boas (épocas de grande tragédia ou trauma, que podem produzir uma temporada de grande sofrimento), você tem uma pequena perda. Esses são os primeiros 10% que explicam por que você se sente assim.
>
> O próximo fator vem da *sua estrutura interna, que provavelmente é composta de fatores genéticos, de temperamento e constitucionais.* Isso parece ser responsável por cerca de 50% do seu nível de felicidade.[4] Vá a qualquer creche e quase poderá ver os diferentes níveis de felicidade em ação. Alguns bebês estão felizes com o mundo, e outros vão ter de se esforçar um pouquinho mais! Observe as crianças um pouco mais velhas e conseguirá perceber ainda mais suas disposições naturais. Elas são todas diferentes, assim como nós. Trazemos para a vida alguns

componentes e fatores genéticos, que contribuem para o nosso humor e para a nossa sensação de bem-estar.

E agora a ótima notícia:

O restante daquilo que é responsável por sua felicidade vem de coisas que estão diretamente sob seu controle: seus comportamentos, pensamentos e práticas intencionais em sua vida. As coisas que você faz porque quer. Aquilo a que dedica a sua atenção, aquilo a que dedica a sua energia e aquilo que acontece dentro de você têm o poder de fazê-lo feliz. Esses são fatores que você, e só você, pode controlar.[5]

O DESAFIO E A ADVERTÊNCIA

Então, isso nos deixa com uma decisão a tomar. Ou, melhor ainda, com toda uma vida de decisões. Momento a momento, dia a dia, ano a ano, década a década, as escolhas criam uma direção. Ou a decisão sobre uma direção acaba ditando cada escolha. E essa direção de como investimos nossa vida está sob o nosso controle. Todos temos a escolha de investir em maneiras de viver que produzam felicidade ou continuar seguindo uma estrada que a experiência e a ciência têm mostrado que jamais nos gratificarão.

Mas isso suscita uma questão. Por que afinal passamos toda a nossa vida buscando os 10% (como se esta fosse a chave para a felicidade) se isso não funciona? Por que achamos que "se eu tivesse... então seria feliz?". Observe o exemplo de Rachel.

Rachel era solteira e estava convencida de que sua vida só começaria quando estivesse casada. Havia muita coisa boa acontecendo no seu trabalho e em outras áreas da sua vida, mas, para ela, estar casada era seu santo graal. Em sua mente, enquanto não estivesse casada, estaria em certo sentido esperando que a vida começasse.

— Por que você acha que só vai ser feliz quando estiver casada? — perguntei.

— Eu sempre achei que as coisas deviam ser assim — disse ela. — Você sai da escola, encontra um companheiro, se estabelece na vida e inicia uma família. Este é e sempre foi o meu sonho. Eu ficarei arrasada se não me casar.

— "Arrasada" é uma palavra em que eu penso quando alguém passa por uma tragédia — disse eu. — O fato de você não se casar é realmente uma *tragédia*?

— Não é uma tragédia ter uma vida sem felicidade? — perguntou ela.

Você pode ver o problema de Rachel. A tragédia é não ter felicidade, mas a felicidade só virá com o casamento e, portanto, não se casar corresponde a não ter felicidade, bem como a viver uma vida trágica.

— Você acha que toda pessoa solteira é infeliz? — perguntei. — Ou acha que há algumas felizes?

— Não sei — disse ela. — Acho que há algumas felizes.

— Eu juro a você que há. Então, o que você faz com essa informação?

Ela não sabia responder. Mas isso a fez olhar para a sua vida: se outras pessoas podem ser felizes e solteiras, então, aparentemente, o casamento não é a chave para a felicidade.

Eu lhe disse que a realidade era isto: pessoas solteiras felizes que se casaram são pessoas casadas felizes. Pessoas solteiras infelizes que se casaram tornam-se pessoas casadas infelizes. Então, sua tarefa não era se concentrar em se casar, mas se concentrar em se tornar uma pessoa feliz em qualquer estado em que se encontrasse. Ela ficou surpresa em saber que a pesquisa mostra pouca diferença na felicidade entre os solteiros e os casados. Obviamente, essa felicidade vem de algum outro lugar além do *status* conjugal, pois muitas pessoas solteiras também são felizes.

Como psicólogo, eu também poderia ter lhe contado sobre todas as pessoas com as quais eu tenho conversado que tinham tudo, inclusive o casamento, e ainda assim eram infelizes. Elas haviam obtido fama, riqueza, família, carreira, e tudo o que as pessoas acham que vai lhes proporcionar a felicidade que desejam, mas essas coisas não lhes deram o que achavam que proporcionariam.

Mas frequentemente ainda somos tentados a acreditar no "se eu pelo menos...". Achamos que seríamos felizes se nossas circunstâncias externas mudassem. Não é verdade — e isso é comprovado tanto pela pesquisa quanto pela experiência de tantas pessoas que finalmente encontraram o que estavam buscando, mas continuam buscando. Então, por que nos tornamos vítimas disso?

Porque faz parte da natureza humana, pura e simplesmente. Em minha opinião, isso está mais bem explicado na história do Jardim do Éden. Embora tenha sido escrita há milhares de anos, as dinâmicas espirituais básicas são aquelas que vivemos no cotidiano e que também governam a nossa busca da felicidade. A história dessas dinâmicas poderia ter acontecido ontem e, na verdade, acontece todos os dias, durante toda nossa vida.

A história é assim: Deus criou uma vida boa e um belo jardim com muitas árvores que representam todas as coisas boas. E nos deu uma instrução: sua ordem foi "comer de qualquer árvore do jardim". Em outras palavras: "Eu criei algumas coisas maravilhosas aqui. Divirtam-se, comam e se satisfaçam com tudo o que eu lhes dei". Ele não entrou em todos os detalhes, como o fato de que também cuidadosamente colocou papilas gustativas na língua humana para que ela apreciasse totalmente os frutos, ou liberações bioquímicas no cérebro que deixam o coração feliz quando fazemos determinadas coisas. E Ele em geral não nos explica todos os porquês. Ele apenas disse: "Aqui está a vida. Aceite-a. Desfrute dela. Confie em mim, isso vai funcionar". (Tenho certeza de que algumas dessas árvores representam os grandes campos de golfe do mundo. Afinal, o August National está localizado no Estado do Pêssego, não é?)*

E Ele fez apenas uma advertência: Adão e Eva não deveriam comer da árvore do "conhecimento do bem e do mal". Porque, "quando comerem o seu fruto, certamente morrerão". O que era essa advertência? Era basicamente a advertência para que não banquemos Deus e pensemos que podemos ser iguais a Ele, sabendo o que é bom e o que não é. Simplesmente devemos confiar n'Ele para realizar a Sua tarefa de saber o que é bom para nós, e cumprir a nossa tarefa de desfrutar disso.

---

* O August National é um clube de golfe localizado em Augusta, na Georgia (Estado do Pêssego), sede do Master Tournament, um dos quatro principais torneios de golfe profissional. (N. da T.)

Todos sabemos o que aconteceu a partir daí. A serpente veio e os tentou, dizendo que eles poderiam ser como Deus e realmente saber tudo. Eles poderiam discernir "o bem do mal". Ela lhes disse que esquecessem a ordem de Deus e seguissem seu próprio caminho, independente de Deus. Então eles fizeram isso e se tornaram separados de Deus e de Seus caminhos, assim como foram impedidos de desfrutar de todos os frutos da vida boa que Deus havia criado. Eis a lição: *Quando foram em busca do que achavam que ia fazê-los felizes, perderam as coisas que realmente os fariam felizes.*

O resultado foi que eles se viram infelizes, desconectados e envergonhados. Não foi um bom dia. Mas, para mim, a lição da história é muito parecida com o que toda a pesquisa da felicidade nos mostra.

Quando não estamos comendo os frutos da vida boa que Deus criou, e achamos que sabemos o que vai nos satisfazer, vamos continuar famintos. Insatisfeitos. Infelizes. Não realizados. Mas, pelo fato de não vermos como somos levados a pensar que a raça humana pode bancar Deus e descobrir tudo sozinha, continuamos não enxergando as árvores com os bons frutos que estão disponíveis bem diante de nós. Tornamo-nos vítimas, entre outras coisas, das tentações da propaganda, da mídia, da cultura, do materialismo, da sensualidade ou de comparações erradas com os outros. Mas, como revela a história, elas são todas iguais. *São todas uma única árvore, não importa qual seja a tentação.* É a tentação de não viver a vida de acordo com o desígnio de Deus, não investindo nas árvores autênticas, que são frutíferas.

Não sei quanto a você, mas, para mim, seguir as verdades espirituais é sempre difícil. Conheço os princípios de Deus e ainda assim ouço a serpente dizer: "Mas... você está a apenas um passo do contentamento" ou outras mentiras desse tipo. Então, é bom lembrar a mim mesmo que isto não é apenas teologia ou catequismo. É também o resultado de dados empíricos. A ciência diz que, quando realizamos as atividades impostas pela Bíblia, ficamos melhores por causa disso.

Então, esse é o nosso desafio. Viver a vida investindo nas maneiras que devem ser vividas. Quando fazemos isso, como veremos a seguir, obtemos a felicidade. Vamos agora examinar treze caminhos para a felicidade em que Deus e a ciência estão de acordo.

2

AS PESSOAS FELIZES SÃO GENEROSAS

QUANDO MINHA FILHA mais velha, Olivia, tinha três ou quatro anos, ela frequentava uma pré-escola em meio período alguns dias por semana. Adorava a escola e estava fazendo muitos amigos. Certo dia, antes de eu levá-la, por alguma razão começamos a conversar sobre compartilhamento. Falamos sobre como se pode compartilhar todos os tipos de coisas com os outros, desde amor até ajudar alguém, ou mesmo compartilhar biscoitos e brinquedos. Sugeri que, quando ela estivesse na escola naquele dia, encontrasse alguém e compartilhasse algo com ele. Achei que havia sido uma daquelas conversas rápidas normais entre pai e filha. Não pensei muito a respeito.

Mais tarde, no entanto, aconteceu algo que eu jamais esquecerei. Fui buscá-la na escola e, enquanto andávamos pelo bairro, ela começou a me contar sobre o seu dia. Eu lhe perguntei sobre todas as suas atividades e ela me disse que as crianças haviam feito alguns biscoitos e que ela os adorou. Depois me disse ter percebido que uma das crianças, por alguma razão, não tinha nenhum biscoito, e então Olivia foi até ela e lhe deu alguns de seus biscoitos. Ela já havia compartilhado coisas antes. No entanto, o que ela disse em seguida foi:

— Papai, alguma coisa aconteceu. Não sei o que foi — disse ela, enquanto me lançava um olhar sério.

— O quê, Livi? O que aconteceu? — perguntei.

— Bem, quando dei os biscoitos para Brandon, senti uma coisa aqui. Bem aqui. — Ela imediatamente apontou para o seu pequeno peito. — Senti realmente um calor aqui. O que foi isso? — perguntou ela.

Quando escutei aquilo, achei que ia irromper em lágrimas, mas consegui me conter.

— Isso foi amor, Livi. É assim que você se sente por dentro quando dá coisas às pessoas. Isso faz você se sentir bem e aquecida por dentro.

— Foi mesmo muito bom — disse ela. — Quero fazer mais isso. Eu gostei.

Jamais me esquecerei desse dia. Tantos pensamentos e sentimentos diferentes me percorriam internamente, desde a beleza absoluta de tudo aquilo até a apreciação do coração dela, e outros sentimentos mais. Mas um dos sentimentos mais fortes que senti foi algo como: "Acho que não preciso me preocupar com sua felicidade futura. Ela já encontrou o caminho".

MAIS BEM-AVENTURADO É DAR DO QUE RECEBER

Uma das grandes descobertas dos estudos sobre a felicidade e o bem-estar no decorrer dos anos é que as pessoas generosas, aquelas que servem os outros e são altruístas, são muito mais felizes do que as que não o são. E algumas pesquisas têm até mostrado como o cérebro está conectado a fim de produzir esse sentimento "bem aqui" a que minha filha se referiu. Por exemplo, os neurocientistas Jorge Moll e Jordan Grafman, do Instituto Nacional de Saúde dos Estados Unidos, mostraram que os centros de prazer do cérebro, aqueles que respondem ao alimento e ao sexo, também se acendem quando as pessoas pensam em ser generosas com as outras.[1] Deus realmente programou o seu cérebro de uma maneira que faz você se sentir bem quando dá. De certo modo, essa é a principal mensagem deste livro: nós somos programados para uma vida feliz — às vezes, temos apenas que aprender como é uma vida feliz.

Embora haja algumas atividades na vida que possam ser questionadas, ser generoso com os outros não é uma delas. Praticar atos de bondade e ser altruísta não são atividades sobre as quais temos de ponderar. Se você quer aumentar a sua felicidade, gaste um pouco do seu coração, da sua mente e da sua alma — e até mesmo do seu dinheiro — com os outros. A pesquisa mostrou que, quando as pessoas gastam dinheiro com os outros ou em caridade, em vez de consigo mesmas, esse dinheiro traz felicidade. O ato de dar deixa, de fato, as pessoas mais felizes do que gastar dinheiro com elas mesmas.[2] Dar aos outros torna você mais saudável e também mais feliz. É bom para seu humor, sua alma e seu corpo. Os estudos revelaram que dar, ajudar e servir estão relacionados com a saúde mental, e aqueles que ajudam os outros têm menos estresse, ansiedade e depressão.[3]

Há muitas outras descobertas, numerosas demais para abordar aqui, mas basta dizer que dar e servir faz bem para você. Como se costuma dizer, "a pesquisa está com tudo". Mas será que realmente precisamos que a pesquisa nos diga isso? Minha filha não precisou, mesmo aos três ou quatro anos. A pesquisa dela aconteceu dentro de seu coração. Ela a *sentiu*. "Senti um calor aqui." Poderia haver um barômetro da felicidade melhor do que o próprio coração de uma pessoa?

Meu palpite é que você sabe de tudo isso. Pense em um relacionamento importante que existiu na sua vida, uma pessoa que fez você expandir seu coração e se abrir para um lugar melhor onde você queria se doar. Você se lembra desse sentimento? Mas, além disso, você se lembra de suas ações? O que fez? Você deu. Saiu do seu caminho. Você se sacrificou. E o que sentiu quando fez isso? "Um calor dentro de você." É sobre isso que estamos falando.

A VIDA DE UM DOADOR

Mas a questão é: como fazemos esse sentimento persistir? Como fazer com que ele se torne não apenas uma ocorrência isolada aqui e ali, mas sim um modo de vida? Seguem algumas dicas.

Em primeiro lugar, dê com fé. O que quero dizer com isso é que Deus nos disse para dar, e, quando fazemos o que Ele diz, estamos agindo com fé, mesmo que isso não provoque uma sensação de calor em nosso coração. Talvez até machuque um pouco. Às vezes não temos vontade de doar, e precisam nos pedir para fazê-lo. Assim como minha filha Olivia teve de ser estimulada a dar e a compartilhar, às vezes também temos de ser estimulados. E Deus nos estimula em muitas partes da

Bíblia. Por exemplo, Ele nos diz para dar com gratidão e fé, e dar para Ele a *primeira* parte do que temos:

> *Também todas as dízimas da terra,*
> *tanto dos cereais do campo como dos frutos das árvores,*
> *são do SENHOR; santas são ao SENHOR.*[4]

> *Guardarás a Festa da Sega dos primeiros frutos do teu trabalho, que houveres semeado no campo, e a Festa da Colheita à saída do ano, quando recolheres do campo o fruto do teu trabalho.*[5]

Acredito que uma das melhores estruturas da felicidade para a vida é o princípio de dar a Deus, e dar a Ele em primeiro lugar. Aprendi isso com meus pais, que aprenderam com a Bíblia. Quando eu era pequeno, provavelmente com quatro ou cinco anos de idade, eles me davam um dólar por semana, todos os domingos pela manhã, com instruções específicas: primeiro, dê dez centavos para a igreja e o dê a Deus para Lhe demonstrar seu agradecimento; segundo, pegue outros dez centavos e coloque no seu cofrinho; terceiro, faça o que quiser com o resto. Agora as porcentagens mudaram com o decorrer dos anos, mas não a ordem. Primeiro Deus, segundo a poupança, terceiro o gasto. O ensinamento da Bíblia sobre doação é a base da felicidade financeira, mas nos aprofundarmos nesse tópico vai além do espaço que temos aqui. A ênfase aqui é que dar a Deus antes de tudo faz com que todo o sistema siga um determinado caminho. Isso é feito com fé e gratidão, pois obedecemos a essa parte da Sua tradição. E, como outros aspectos da vida de fé, dê tempo ao tempo. Observe o fruto da felicidade crescer de várias maneiras enquanto você continua a dar.

A LEI DA FELICIDADE

Uma das melhores estruturas da felicidade para a vida é dar a Deus, e dar a Ele em primeiro lugar.

Em segundo lugar, dê com empatia. Olhe em volta para ver quem está sofrendo. Quem necessita de ajuda? Com quem você consegue se identificar, seja porque imagina como deve ser a sua situação seja porque realmente sabe por ter sofrido da mesma maneira? Deixe sua compaixão ser o seu guia, e isso vai conectá-lo à vida de uma maneira que jamais imaginou.

Em terceiro lugar, dê integralmente, não apenas seus recursos materiais. Deus nos diz que o dinheiro é apenas um instrumento; nossa vida não consiste nisso.[6] Nossa vida real vem de nos doarmos integralmente. Quando você der seu tempo, sua energia, seu coração e sua mente aos outros, colherá muito mais benefícios do que se doar seu dinheiro. Faça trabalho voluntário. Leve comida a uma família com um bebê recém-nascido cuja mãe não tem tempo para preparar as refeições. Cuide do bebê de uma mãe solteira para lhe proporcionar uma tarde ou uma noite de descanso. Visite doentes no hospital. Escreva bilhetes às pessoas para encorajá-las. Lidere um pequeno grupo da sua igreja para dar apoio às pessoas necessitadas. Dedique um pouco do seu tempo a um abrigo para moradores de rua.

Meus pais viveram até os 92 e quase 94 anos; ambos morreram no ano passado com poucos meses de distância um do outro. Quando fui ao enterro deles, vi a realidade das palavras de Jesus de que a vida de uma pessoa não são suas posses, mas os investimentos que fazem de si mesmos. Naqueles dias, pude ver o fruto da vida deles e jamais me esquecerei disso. Muitas, muitas pessoas compareceram para se despedir de um casal que havia servido a comunidade durante os 66 anos em que ficaram casados. Eles orientaram crianças, ajudaram igrejas pobres, levaram refeições para pessoas que não podiam sair de casa, foram voluntários em obras beneficentes, e muito mais. Uma mulher me disse que, quando ela e seu marido eram um jovem casal e haviam acabado de se mudar para a cidade, sem amigos ou família, meus pais apareceram em sua casa para ajudá-los a se inserir na comunidade. Ela disse que o fato de terem sido "adotados" por eles foi o que lhes proporcionou um início em uma nova cidade e fez toda a diferença. Naqueles poucos dias de seus respectivos enterros e velórios, fiquei realmente impactado pelo que uma vida de doação produz.

Mas o que também se destacou foi a minha recordação da época em que eles faziam essas coisas. Eu nunca os vi como se estivessem "em uma missão" ou fazendo algo de que ninguém jamais teria conhecimento. Para mim, eles estavam simplesmente vivendo mais um dia; e mais um dia significava que alguém de algum modo ia receber uma doação. Para eles, isso era apenas vida. E me lembro de eles se sentirem realizados durante um bom tempo.

Portanto, não pense que você tem de ser um missionário em alguma terra distante. Leve uma sopa para um amigo doente ou biscoitos para o escritório. Apenas pense, um pouquinho cada dia, no que você pode acrescentar a alguma outra pessoa. Com o tempo, sua vida vai mudar, pouco a pouco, enquanto você se doa.

Em quarto lugar, dê de uma maneira estruturada. O que eu quero dizer com isso é o seguinte: assim como Deus nos disse para darmos os "primeiros frutos" e nos proporcionou uma estrutura para dá-los para Ele, precisamos pensar em doar o nosso tempo e nossos recursos de uma maneira estruturada. Eis a verdade da vida: quaisquer recursos que você não reserve e proteja serão gastos aleatoriamente. Você deve primeiro decidir o que quer dar e colocá-lo na sua agenda e no seu orçamento. Do contrário, o recurso será gasto em outras coisas.

Então, no início do ano, dos meses ou das semanas, reserve algum tempo para servir. Decida individualmente ou junto com sua família que você vai doar uma quantidade X dos seus dias deste ano, ou uma quantidade X de suas horas no mês, ao voluntariado, e coloque isso na sua agenda. Faça o mesmo com seu dinheiro. Se houver mais sobra e Deus o abençoar dessa maneira, então você poderá doar mais. Mas primeiro estabeleça um compromisso ao qual irá se ater, e isso certamente acontecerá.

Em quinto lugar, certifique-se de que você esteja dando "livremente". Preste atenção nesta passagem do Novo Testamento:

> *E isto afirmo: aquele que semeia pouco pouco também ceifará; e o que semeia com fartura com abundância também ceifará.*

Cada um contribua segundo tiver proposto no coração; não com tristeza ou por necessidade; porque Deus ama a quem dá com alegria.[7]

Esse versículo fala sobre três tipos de doação. Algumas pessoas dão "relutantemente" — esse é o tipo de doação que resulta da manipulação e da pressão externa. Não deixe as pessoas pressioná-lo para ir além de onde você quer ir. Outras dão "por compulsão" — ou seja, como resultado de sua própria culpa, ou de uma pressão interior. Mas o tipo de doação que Deus quer é aquela que cada pessoa decide dentro do seu próprio coração e dá livre e alegremente.

Por isso, aqueles que dão mais do que deveriam, como os codependentes, com frequência se esgotam; e por isso alguns cuidadores também sofrem, porque vão além da sua capacidade. Se você estiver nessa posição, estabeleça alguns limites para que a sua doação não conduza ao esgotamento. Isso é algo que a Bíblia ensina repetidas vezes. Deus entende se você não "der demasiado". Ter limites não significa que você seja egoísta. O egoísta é aquele que não dá nada. Dar além dos seus recursos emocionais não conduzirá à felicidade; ao contrário, às vezes conduzirá à infelicidade. Como ouviu Moisés de seu sogro, "isto é pesado demais para ti".[8]

A LEI DA FELICIDADE

Dar além dos seus recursos emocionais não vai conduzir à felicidade, mas às vezes à infelicidade.

Em sexto lugar, dê às vezes além do seu nível de conforto. Sei que acabei de dizer para você não dar além dos seus recursos ou sob pressão, e confirmo o que disse para aquelas situações. Mas a verdade é que a doação saudável é como um músculo. Temos de usá-lo e pegar cada vez mais peso para torná-lo mais forte. Algumas pessoas só dão quando acham conveniente ou se encontram no estado de ânimo para tal. Mas Jesus nos disse que, quando damos, nossos corações seguem a nossa doação. "Porque, onde está o teu tesouro, aí estará também o teu coração."[9] Doar-nos pode ajudar a nos formar, e a formar aquilo que é importante para nós. Por isso, às vezes respire fundo e dê além do seu nível de conforto, e poderá perceber que obterá conforto e mais felicidade.

Em sétimo lugar, torne a doação relacional. Às vezes, você doa espontaneamente e isso é maravilhoso. Na verdade, grande parte da doação diz respeito a dar de uma forma que ninguém jamais venha a saber. Como disse Jesus, nem mesmo sua mão direita deve saber o que sua mão esquerda está fazendo. Mas, outras vezes, convém ser parte de uma comunidade doadora. Junte-se a um clube ou grupo de serviço, ou simplesmente a outra pessoa. Encontre um companheiro para se unir a você em um trabalho voluntário. Faça isso no âmbito familiar, com seu cônjuge e filhos. Há muitas maneiras de dar em equipes relacionais, mas faça isso. Será divertido compartilharem a experiência, e vocês vão motivar um ao outro. Como diz a Bíblia: "Consideremo-nos também uns aos outros, para nos estimularmos ao amor e às boas obras".[10] Ajudem um ao outro a se tornarem servidores, e todos crescerão no processo.

E finalmente, dê àqueles que não merecem sua doação. Jesus nos disse para dar aos nossos inimigos e àqueles que não retribuirão o favor.

> *Amai, porém, os vossos inimigos, fazei o bem e emprestai, sem esperar nenhuma paga; será grande o vosso galardão, e sereis filhos do Altíssimo. Pois ele é benigno até para com os ingratos e maus.*[11]

Doar apenas para receber algo em troca, ou doar porque alguém merece, não é o sentido geral da doação. Doar significa doar, ponto final. Existe algo em fazer o bem àqueles que não nos fazem bem que acaba conduzindo a doação a um nível totalmente diferente, o nível em que Deus doa. Ele é "benigno até para com os ingratos e maus". Se você quer sentir tudo o que a doação tem a oferecer, doe também nos períodos econômicos difíceis. E, quando o fizer, às vezes se surpreenderá de que seu ato de bondade nesses momentos faz exatamente o que fazem as doações de Deus: pode derreter o coração de uma pessoa ingrata e maldosa e de alguma maneira ajudá-la a mudar. As doações mudam as pessoas, e, se você praticar a bondade com pessoas que "não são boas", poderá vê-las despertar.

Então, resumindo, como disse Jesus, "mais bem-aventurado é dar do que receber". Isso é verdade, e a pesquisa o tem provado de muitas maneiras. A vida de doação é a vida feliz, e o melhor presente que podemos receber.

3

AS PESSOAS FELIZES NÃO SÃO PREGUIÇOSAS EM RELAÇÃO À FELICIDADE

QUANDO EU ERA criança, lembro-me de assistir a um episódio da comédia *Hee Haw*, em que dois dos personagens fazendeiros estavam deitados no chão, de costas um para o outro, mascando pedaços de feno e simplesmente vendo o tempo passar. Um deles disse algo para o outro sobre uma bela mulher que passava por ali. Ele ficou impressionado pela beleza dela e a descreveu para o amigo.

O segundo não se mexeu nem se virou, e respondeu algo como:

— Uau... Gostaria de estar olhando para esse lado.

O diálogo engraçado foi desencadeado por um fato simples: ele estava simplesmente com preguiça demais para se virar e desfrutar daquela visão. Foi uma cena engraçada, mas quando você toma a mesma atitude fora de um cenário cômico e o enxerga na vida real e cotidiana das pessoas, isso não é nada engraçado. A verdade é que muitas pessoas infelizes desejam ser felizes, mas, quando a potencial felicidade passa a seu lado todos os dias, elas "queriam estar olhando para esse lado", mas acabam não se virando para desfrutar da felicidade quando poderiam fazê-lo.

Agora, antes de eu entrar na dinâmica da preguiça e da felicidade, queria ser bem claro a respeito de uma coisa: às vezes, condições clínicas, como uma depressão severa, realmente imobilizam as pessoas. A incapacidade de ir em frente faz parte da doença. Se você é uma dessas pessoas e adoraria ser capaz de participar da vida e se esforçar para se sentir melhor, mas está imobilizado e literalmente sem a energia suficiente para fazê-lo devido a uma depressão profunda ou a outros problemas clínicos, você *não* é preguiçoso. Você está doente e precisa de tratamento médico, e eu o encorajo a procurar ajuda imediatamente.

Vou me referir neste capítulo ao tipo de pessoa que é capaz de fazer o que o ajudaria a torná-la feliz, mas por qualquer razão não o faz. Como está dito em Provérbios 26:15: "O preguiçoso mete a mão no prato e não quer ter o trabalho de a levar à boca". O "prato" está ali e disponível a ela, mas a pessoa não tira proveito do "alimento" que a está esperando. Ela não está fazendo as coisas que poderiam realmente lhe proporcionar a felicidade que deseja.

Contraste esse comportamento com aquele das pessoas felizes. Aquelas que acordam de manhã e dizem "bom dia, Senhor!", em vez de "meu Deus, já é de manhã", em geral não se encontram nesse lugar por acaso. Elas se encontram ali por empregarem sua energia dada por Deus, investindo o seu tempo, momento a momento e dia após dia, nas atividades de construir uma vida gratificante e significativa. Na verdade, estão vivendo da própria ordem criada. Deus nos destinou para sermos, à sua imagem, pessoas que usam o coração, a mente, a alma e a força para criar vida e investir em nós mesmos. Essas pessoas criam relacionamentos e usam seus talentos e suas habilidades para conseguir coisas, e Deus quer que façamos o mesmo. Ele quer que sejamos ativos — não passivos — em relação à vida.

Assim, pois, amados meus, como sempre obedecestes, não só na minha presença, porém, muito mais agora, na minha ausência, desenvolvei a vossa salvação com temor e tremor;
Porque Deus é quem efetua em vós tanto o querer como o realizar, segundo a sua boa vontade.[1]

As pessoas felizes são ativas, não passivas, em sua busca da vida. Se você observar algumas das atividades que, segundo a pesquisa, produzem felicidade, verá que elas requerem esforço e investimento. Por exemplo, para as pessoas felizes é importante:

- Construir relacionamentos profundos e uma comunidade: elas pertencem a grupos de apoio, participam de estudos da Bíblia ou têm horários estruturados para se reunir com os amigos e com a família e nutrir esses relacionamentos.
- Envolver-se em atividades de crescimento: elas consultam um orientador ou algum tipo de conselheiro, ou então frequentam algum tipo de grupo de crescimento.
- Ir atrás de seus objetivos: elas têm objetivos físicos, financeiros, vocacionais, de lazer, que estão se esforçando para atingir.
- Servir outras pessoas: elas encontraram maneiras significativas de doar seu tempo e seus talentos.
- Nutrir uma vida espiritual: elas dedicam tempo às atividades espirituais, como a oração, a meditação, o estudo da Bíblia, retiros etc.

- Exercitar-se e permanecer saudáveis: elas têm um tipo de rotina que as mantêm ativas e seguem um estilo de vida saudável.
- Praticar a gratidão: elas regularmente expressam gratidão a Deus e às outras pessoas.
- Realizar atividades que lhes dão prazer: elas descobrem suas paixões e correm atrás delas.
- Desenvolver-se: elas buscam atividades e objetivos que as estimulem a ser tudo o que podem ser.
- Resolver o sofrimento e os conflitos: quer nos relacionamentos, quer em sua própria alma, as pessoas felizes não evitam os problemas, mas fazem o que é necessário para resolvê-los.

Estes são apenas alguns exemplos dos tipos de atividades que examinaremos ao longo de todo este livro, mas eles mostram que a felicidade não cai do céu e aterrissa no colo das pessoas. As pessoas felizes se envolvem com a vida e correm atrás de seus sonhos.

Pela minha experiência, vejo que, quando as pessoas recebem algum alerta sobre seu nível de felicidade na vida, a primeira percepção delas é que são responsáveis pela própria felicidade, e a segunda percepção é que vão precisar realizar algumas atividades. Tenho visto muitas pessoas que, depois de paralisadas durante anos, finalmente "têm um estalo", acordam e dizem: "Não quero viver assim. Vou fazer alguma coisa com relação à minha vida". E então se mantêm ocupadas e, um ano depois, eu mal as reconheço.

Mas, para isso acontecer, você tem de encontrar o "impulso". Tem de superar a entropia e a inércia que o dominam há tanto tempo. Tem de "fazer alguma coisa". Então, como vai fazer isso?

Além daqueles que podem estar clinicamente deprimidos ou sofrendo de algum tipo de enfermidade real, há dois tipos amplos de pessoas lendo este livro. O primeiro é o tipo que, depois de ler o que escrevi até agora, se levanta e começa a se movimentar. Ele diz: "Isto faz sentido. O que eu tenho feito?". E, então, entra em contato com um grupo de apoio, une-se aos Vigilantes do Peso, matricula-se em um curso da faculdade comunitária, decide subir uma montanha, procura um terapeuta ou faz qualquer coisa que estava evitando por requerer um pequeno esforço. Se esse é você, Deus o abençoe. Você está no caminho certo.

O segundo tipo é o que lê o livro e percebe que o texto ressoa em seu íntimo; quer buscar a mudança, mas provavelmente não vai fazer nada. Há esperança para ele? É claro que sim, mas não dentro dele. Se você é assim, precisa de duas coisas: *energia e estrutura.* Você mostrou que, se depender de si mesmo, não vai se automotivar nem ter a disciplina necessária. Então, tem de buscar fora a energia e a estrutura necessárias.

Sugiro que procure um companheiro, um parceiro responsável, um grupo, um terapeuta, uma classe, um orientador, um instrutor, ou o que quer que seja que o faça se movimentar e continuar se movimentando. Neste ponto da sua vida, se não tiver uma estrutura externa e alguém o motivando, vai voltar a cair na passividade. Mas pense nisso da seguinte maneira: se conseguir agir o suficiente para encontrar alguém que o estimule ou se juntar a uma classe, estará sendo tão ativo quanto consegue ser, e *isso é ótimo.* Eles podem ajudá-lo a partir daí. Isso é tudo o que você tem a fazer, mas precisa fazer isso. Do contrário, corre o risco de continuar não fazendo nada e sendo preguiçoso no que diz respeito à sua felicidade.

Enquanto lê este livro, observe todos os elementos que são mencionados e descubra seu próprio plano para pô-los em prática. Um pouco cada dia, pedacinho por pedacinho, vai ajudá-lo a crescer e entrar num caminho que vai resultar no fruto da felicidade. O simples ato de pegar o telefone e ligar para um amigo e convidá-lo para almoçar pode ter um efeito mensurável na sua química cerebral. Você não vai atingir o nível máximo de felicidade em um dia, com apenas uma atividade, pois, afinal, não é assim que as pessoas felizes agem. Faça pequenas coisas todos os dias que façam as pessoas felizes, e com o tempo vai descobrir que você é uma pessoa desse tipo: feliz e comprometido com a vida.

> *Para que não vos torneis indolentes,*
> *mas imitadores daqueles que,*
> *pela fé e longanimidade, herdam as promessas.*[2]

Eu adoro esse versículo. Ele dá mais um exemplo da ordem criada, da maneira como Deus montou o universo. Deus faz promessas sobre a vida, e então espera que você faça a sua parte e não seja preguiçoso. Prometeu aos filhos de Israel uma "terra prometida", mas eles tiveram de agir para tomar posse dela. Tiveram de travar muitas batalhas até chegar lá. E, pouco a pouco, conseguiram. "[Sejais] imitadores daqueles que, pela fé e longanimidade, herdam as promessas." Deus lhe prometeu uma vida de abundância, mas Ele não lhe prometeu uma vida de abundância sem esforço. Esforce-se na busca da sua felicidade, assuma a responsabilidade por ela, mantenha-se em movimento. Lute por sua salvação sem temor e apreensão, pois é Deus que está atuando dentro de você. Deus está fazendo a parte d'Ele; você tem de fazer a sua. Não seja preguiçoso!

Desde que comecei a escrever livros, as pessoas com frequência vêm até mim e dizem:

— Eu adoraria escrever um livro. Há muito tempo venho querendo escrever um. Já até sei sobre o que quero escrever.

— Há quanto tempo você quer fazer isso? — pergunto.

— Ah, há anos e anos — respondem elas.

— Bem, e por que não escreve? — pergunto.

— Ah, não tenho tempo — dizem elas. — Tenho um emprego e não posso simplesmente ser um escritor.

— Também tenho um emprego — eu lhes digo. — Tenho de escrever no meu tempo livre. Só recentemente consegui reservar um tempo apenas para escrever. Mas meus primeiros vinte livros eu os escrevi quando conseguia encontrar um tempo.

Em geral, eles apenas olham para mim. Então, eu lhes digo:

— Vocês vão encontrar tempo para fazer tudo o que querem fazer.

Adoro a história de John Grisham. Ele era advogado e deputado estadual, mas sempre quis ser escritor. Obviamente, era ocupado, em tempo integral e até mais. Mas, com o sonho de escrever um romance, passou a se levantar um pouco mais cedo todos os dias e a escrever uma página. Dentro de poucos anos ele lançaria *Tempo de matar*. Desde então, vendeu mais de cem milhões de livros, mas tudo começou por ele não ser preguiçoso demais para escrever apenas uma página por dia. Vá atrás das atividades que o deixarão gratificado e feliz. Uma página ou um telefonema de cada vez.

4

AS PESSOAS FELIZES NÃO ESPERAM ACONTECER

QUANDO ESTAVA FAZENDO pós-graduação, sempre tentava levar um colega meu para jogar golfe, praticar esqui com o nosso grupo ou fazer outras coisas divertidas. Ele era um cara legal e alguém que eu gostaria de ter por perto. Mas, toda vez que eu o convidava, ele dizia algo como: "Eu adoraria ir, mas tenho de...", e prosseguia explicando que tinha primeiro de terminar algo em que estava trabalhando e, "depois...", ele poderia arranjar tempo para fazer algumas dessas atividades divertidas para as quais o estávamos recrutando.

Era um trabalho ou um projeto do semestre que ele tinha de terminar antes de poder se divertir, ou precisava fazer outro curso, ou, ou, ou. Finalmente, parei de convidá-lo, pensando: *Fazer um doutorado deve ser, para ele, totalmente desgastante, e talvez, quando terminar, ele volte à normalidade.*

Depois de concluída a pós-graduação, ele acabou se estabelecendo em uma cidade não muito distante da minha, e por isso de vez em quando eu ia visitá-lo. Várias vezes, quando nosso grupo ia fazer algo divertido num fim de semana, como esquiar ou fazer uma viagem até o México, nós o convidávamos. Eu me lembro de pensar: *Ele agora já saiu da faculdade, e então talvez tenha voltado ao normal.* Mas todas as vezes ele recusava. Nessa altura, ele dizia: "Tenho primeiro de terminar meus créditos para a licenciatura; depois disso poderei fazer esse tipo de coisa. Quero muito fazer isso, mas primeiro tenho de fazer meu trabalho."

Você sabe o resultado disso. Ele conseguiu a licenciatura, e nós continuamos convidando-o. E ele dizia: "Eu gostaria, mas, agora que terminei a licenciatura, tenho primeiro de me esforçar para iniciar e me estabelecer na minha profissão. Depois, quando estiver estabelecido, poderei fazer algumas dessas coisas com vocês, rapazes." Desisti de achar que ele se tornaria normal.

O que percebi foi que não era o trabalho que ele tinha de terminar, ou o diploma, a dissertação, o estágio ou a licenciatura. Nada disso o impedia de ter uma vida. O problema era ele. Ele se impedia. Sua mentalidade o impedia. Ele tinha uma maneira de pensar que era basicamente a seguinte: *Quando ___________ acontecer, eu terei uma vida.* Preencha a lacuna, mas _________ nunca acontece. Havia sempre alguma coisa, porque o problema era ele. Ele tinha uma intenção "futura" em relação à felicidade.

Já falamos aqui sobre o tipo de pensamento *se eu pelo menos* _________, segundo o qual alguma circunstância externa é vista como a fonte da felicidade. É o chamado erro do "o que" — pensar que "o que" vai me fazer feliz é determinada circunstância de algum tipo. A questão que estamos examinando neste capítulo é o erro do "quando". É um modo de pensar que diz que a felicidade está sempre mais adiante na linha do tempo, e que ela virá "quando" determinada coisa for feita ou alcançada. É a incapacidade de desfrutar o agora e o pensamento que diz que a única época feliz está no futuro.

- Quando me formar, vou conseguir aproveitar a vida.
- Quando finalmente nos instalarmos, vou conseguir desfrutar da nova cidade.
- Quando terminar este projeto, vou conseguir novamente ter tempo para mim.
- Quando terminar meu treinamento, vou adorar viver.

Cada uma dessas declarações é um exemplo de como algumas pessoas acham que a felicidade está em algum tipo de linha do tempo e depende de um evento posterior. Ela não pode acontecer agora, porque está faltando uma peça que ainda não foi colocada. Mas, na verdade, as pessoas que pensam dessa maneira não se tornam magicamente felizes quando "o que quer que seja" acontece. Elas simplesmente transferem essa intenção para o próximo "quando".

Ser feliz agora

As pessoas felizes são felizes "agora". Como praticam todos os elementos que estamos examinando, nunca dependem de algum dia ou de um amanhã para ser a chave do seu bem-estar. Elas se sentem realizadas antes que o evento futuro aconteça. São felizes "agora".

O que lhes dá essa capacidade? Várias atitudes, mas, antes de qualquer coisa, é uma disciplina de viver o agora. Veja como Jesus diz isso:

> *Não vos inquieteis com o dia de amanhã,*
> *pois o amanhã trará os seus cuidados;*
> *basta ao dia o seu próprio mal.*[1]

Embora a Bíblia certamente nos diga para planejar o futuro, ela também nos diz para viver o presente, cada um dos nossos dias. Hoje ou, melhor ainda, este momento, é tudo o que há ou tudo o que haverá. Você nunca pode vivenciar o amanhã, jamais. Quando ele chegar, será apenas outro momento como hoje, e, se você não tiver a disciplina espiritual para vivenciar o "momento atual" quando ele está aqui, perderá o amanhã que está esperando agora. Assim como o meu amigo da faculdade... o amanhã nunca chega. Como alguém disse certa vez: "Hoje é o amanhã com o qual você se preocupou ontem".

A LEI DA FELICIDADE

Hoje ou, melhor ainda, este momento,
é tudo o que há ou tudo o que haverá.

A pesquisa mostra que a capacidade das pessoas de se concentrar nos momentos que estão vivenciando agora, nas alegrias e nos prazeres do presente, na verdade as torna mais felizes e menos estressadas e deprimidas. Sonja Lyubomirsky, uma das principais cientistas que estudam a felicidade, coloca isso da seguinte maneira: "Descobriu-se que as pessoas que são inclinadas a sentir prazer são mais autoconfiantes, extrovertidas, gratificadas e menos desesperançadas e neuróticas [...] Essas que têm a habilidade para captar a alegria do momento presente — se apegando aos bons sentimentos, apreciando as boas coisas — têm uma menor probabilidade de sofrer de depressão, estresse, culpa e vergonha".

Lyubomirsky prossegue dizendo que a algumas pessoas foi dado o exercício de saborear duas experiências agradáveis em um dia, até mesmo as experiências banais, e a outras foi solicitado que despendessem alguns minutos para apreciar as experiências normais e escrevessem sobre como as vivenciaram. Ambas melhoraram o humor e diminuíram a depressão.[2]

Alguns sistemas de terapia embasados em fortes provas empíricas são desenvolvidos para ajudar as pessoas a aprimorar a "atenção", que é a capacidade de se concentrar na própria experiência e vivenciá-la totalmente, aqui e agora. Um curso de educação continuada para psicólogos do qual participei levou uma hora nos fazendo tentar "vivenciar os momentos que estávamos experienciando" aqui e agora, e descrevê-los um para o outro. É impressionante como isso foi difícil para uma sala repleta de PhDs que passaram a maior parte da vida "treinando para o futuro". Era uma arte que a maioria deles relatou ter perdido ao longo do caminho, exercitando em demasia apenas o lado esquerdo do cérebro.

Mas, como prova a pesquisa, quando os psicólogos conseguem que os pacientes façam isso – viver "o agora" na vida, nos sentimentos e nas experiências – os sintomas clínicos de depressão, estresse e outras doenças melhoram.

Mecanismo para lidar com a evitação

Grande parte da incapacidade das pessoas em viver o presente resulta do seu treinamento de viver no futuro e evitar o que estão vivenciando exatamente agora. Elas são como um hamster em uma roda, sempre tentando estar um passo à frente dos seus sentimentos. Esse comportamento é com frequência um mecanismo de defesa desenvolvido no início da vida delas para evitar sentimentos dolorosos ou para lhes dar uma sensação de controle sobre ambientes dolorosos ou estressantes. Mas o problema é que agora o mecanismo de enfrentamento do passado atua contra elas, criando mais estresse e impedindo-as de alcançar a felicidade em sua vida presente. Elas trazem seu passado para o presente e continuam a recriá-lo. A mente humana faz exatamente isso.

Desencadeadores do estresse "treinados"

Participei de um evento de liderança com o antigo primeiro-ministro britânico Tony Blair, e minha tarefa era entrevistá-lo sobre suas experiências como um líder mundial. Eu lhe perguntei sobre suas atitudes, pressões, estresses etc. — em geral, como era a experiência desse nível de liderança. Ele me contou que, nas Questões ao Primeiro-Ministro — que é uma sessão brutal de perguntas e respostas que o Parlamento realiza de tempos em tempos — ele sempre percebia que seu nível de estresse aumentava à medida que se aproximava a hora do evento. Era como um alarme no seu sistema interno.

Mas me disse que o interessante era que, mesmo depois de ter saído do cargo, quando se aproximava a hora do questionamento, ainda continuava a sentir seu nível de estresse aumentar. Ele ficou condicionado a ficar alerta, mesmo não tendo mais de enfrentar essas perguntas naquele formato estressante. Sua mente continuava de prontidão. Quando ela faz isso, ele provavelmente não está vivenciando completamente "o momento", onde quer que esteja, até conseguir mudar o seu foco e lembrar a si mesmo de que não está mais lá, mas "aqui".

Pense nisso em relação a você. Sua mente pode também ter sido treinada a estar "vigilante" em relação ao que está chegando e a viver mais lá do que onde você está exatamente agora. Nesse meio-tempo, você pode estar perdendo sua vida destinada por Deus devido a um antigo padrão de estresse.

EXTRAIA O MÁXIMO DA OPORTUNIDADE PRESENTE

A Bíblia tem algumas coisas importantes a dizer sobre viver o "hoje", que é realmente tudo o que temos. Anteriormente eu citei o ensinamento de Jesus sobre não viver no amanhã, mas estar presente no hoje. O livro de Eclesiastes diz a mesma coisa. É uma forte disciplina espiritual ensinada em toda a Bíblia.

Eis como o apóstolo Paulo coloca isso:

> *Portanto, vede prudentemente como andais,*
> *não como néscios, e sim como sábios,*
> *remindo o tempo, porque os dias são maus.*[3]

Aproveitar bem todas as oportunidades significa muitas coisas, mas uma delas é extrair o máximo do agora, do momento. Pense sobre o fato de que, se você está em algum lugar, essa é a sua vida. É onde você está, e essa é a coisa mais importante que poderia estar acontecendo agora, obviamente, ou você estaria em algum outro lugar. Portanto, viva a vida. Mas, para fazer isso, você tem de se concentrar. É uma disciplina.

Tive de aprender isso como escritor. Um livro é um projeto que não desaparece até você terminá-lo. Por isso, em certo sentido ele está sempre na sua cabeça até ficar pronto. Gosto de escrever, mas isso exige que eu mantenha um cronograma, o que às vezes não é divertido. Os editores precisam que o livro esteja pronto até determinada data.

Quando estou escrevendo, com frequência sinto a pressão do prazo, mesmo quando estou fazendo outra coisa. Essa pressão pode me impedir de vivenciar outra coisa, qualquer que seja ela. O cenário mais comum em torno do qual eu tinha de desenvolver disciplina espiritual era o tempo que passava com minhas filhas quando as datas de entrega estavam se aproximando. Adoro brincar com elas. A alegria de passar momentos com as meninas no chão, indo até o parque ou me envolvendo em outras atividades com elas, é a essência real da vida. Mas esses momentos me distanciavam do cumprimento do prazo de entrega do livro. Então, às vezes eu sentia que não estava "ali" com minhas filhas, e em vez disso me preocupava com o que não estava fazendo.

Então me ocorreu: *Eu não estou escrevendo; agora estou brincando. Portanto, pare de escrever quando estiver jogando, Henry! Esteja aqui.* Tive de aprender a estar presente e abraçar as experiências daquelas horas, exatamente onde eu estava. Olhar dentro dos olhos delas, sentir o amor brotando dentro de mim enquanto eu me perdia na maravilha de quem elas são e na personalidade delas. Percebi que nenhum trabalho podia chegar nem perto dessa pura alegria. Descobri que quando aprendi a estar "ali", o "ali" era impressionante, e percebi que eu podia ficar feliz *mesmo quase no final do meu prazo.* Isso foi fantástico para mim.

O que essa experiência fez foi me proporcionar uma lição maior sobre a vida, pois redescobri como viver o momento em uma série de áreas. Mas a área em que me sinto mais gratificado é aquela que envolve minhas filhas. Eu estava correndo o risco de um dia observá-las saindo de casa e, de repente, tomar consciência de que havia perdido a alegria, embora eu estivesse ali o tempo todo. Estava ali e não estava ali. Devo dizer que foi uma das descobertas mais importantes que já fiz, e espero que você também a experimente. Viver no presente vai diminuir seu estresse e aumentar sua felicidade. Mesmo que o presente seja triste, abraçar esses sentimentos é parte de deixá-los acontecer. Os sentimentos que evitamos ficam paralisados no nosso sistema e vão retornar se não os enfrentarmos; portanto, nos bons ou maus momentos, a lição é estar "no devido tempo". Estar aqui, no agora.

A LEI DA FELICIDADE

Viver no presente vai diminuir seu estresse e aumentar sua felicidade.

SABOREANDO A VIDA

A disciplina de "saborear", como os pesquisadores a chamam, é simplesmente se concentrar e aproveitar a vida por completo — sentir seus sentimentos, perceber o que o cerca, celebrar as boas coisas que estão diante de nós todos os dias. A Bíblia nos diz para fazer isso em muitos lugares diferentes. Veja o que Salomão fala sobre desfrutar e saborear a vida:

> *Pelo que vi não há coisa melhor do que alegrar-se o homem nas suas obras, porque essa é a sua recompensa [...]*
> *Quanto ao homem a quem Deus conferiu riquezas e bens e lhe deu poder para delas comer, e receber a sua porção, e gozar do seu trabalho, isto é dom de Deus.*
> *Ainda que o homem viva muitos anos, regozije-se em todos eles [...].*[4]

Então, como você está indo na tarefa de desfrutar cada momento e perceber que seus momentos e suas experiências compõem sua vida? Não importa o que você esteja prevendo que vai acontecer "mais tarde" ou o que esteja esperando que vai fazê-lo feliz; a realidade é que você está onde está agora, e aprender a saborear as experiências que tem agora é uma habilidade fundamental na aquisição da intenção da felicidade. Sentir gratidão, amor, satisfação etc. por tudo o que você tem e está vivenciando agora é onde se encontra a felicidade, não naquilo que vai acontecer "quando".

Tenho um amigo que, no desastre financeiro de 2008, perdeu uma verdadeira fortuna, milhões e milhões de dólares. Ele entrou em uma depressão da qual não conseguia sair, pois só conseguia pensar em todo o dinheiro que perdeu e quanto tempo demoraria para "recuperá-lo", como disse ele, "se é que algum dia vou conseguir recuperá-lo". Ele simplesmente ficava observando como essa possibilidade parecia distante e não via senão depressão diante de si. Disse-me que não conseguia sair dela.

Estávamos jantando e ele me dizia como achava que, de certo modo, sua vida havia acabado. Isso foi perto do final do jantar, quando eu estava na casa dele com ele, sua esposa e seus dois filhos. Durante a maior parte do jantar, até esse ponto, ficamos rindo e lembrando muitas situações divertidas. Além disso, seus filhos eram muito agradáveis. Estávamos tendo um momento maravilhoso. Mas, quando sua atenção se voltou para a grande questão de suas perdas, ele ficou solene enquanto me descrevia sua vida e me contava como ela estava ruim. Eu então lhe fiz uma pergunta.

— E quanto a este momento, exatamente agora?

— O que você quer dizer? — perguntou-me ele, um pouco confuso.

— Digamos, mais ou menos na última hora antes de começarmos a falar sobre o futuro e o dinheiro, como foram os momentos deste jantar? — esclareci.

— Hmmm ... Bons, eu acho. Eu realmente me diverti — disse ele.

— Certo — disse eu. — E é isso que eu acho da sua vida. Sua vida é boa, Rich. Muito boa, composta de muitos bons momentos como este. Você adorou a comida, as risadas, se divertir com seus filhos e sua esposa, recordar comigo os ótimos momentos que tivemos ao longo dos anos. Você me disse que se divertiram muito hoje na praia. Se pensar na maioria dos momentos da sua vida, eles são bons. As coisas que realmente lhe dão alegria e felicidade — sua relação com sua esposa, as brincadeiras com seus filhos, o tempo que passa com seus amigos, o prazer de uma boa comida e de uma taça de vinho — você ainda tem. E, francamente, essa é a sua vida. Sua vida é feliz.

— Mas — continuei — seu foco não está na sua vida. Em vez disso, está no que quer que seja que o dinheiro signifique para você, mas que não tem nada a ver com sua vida. E sua obsessão com o saldo bancário o está afastando da sua vida real, na qual você acabou de dizer que tem tido bons momentos. Lembre-se de que Jesus disse que a sua "vida" não consiste em suas posses.[5] Ela consiste nas experiências que você tem com as pessoas que você ama e com as questões do seu coração, da sua mente e da sua alma. Não em algum saldo bancário futuro que você vai recuperar "quando". Sua vida é agora, e ainda continua, na verdade, tão boa quanto era quando você tinha dinheiro; em termos das coisas que realmente importam. Sua vida é boa; portanto, agarre-se a ela e você será muito mais feliz.

A LEI DA FELICIDADE

Sua vida consiste nas experiências que você tem com as pessoas que você ama e com as questões do seu coração, da sua mente e da sua alma.

— Nunca pensei nisso dessa maneira — disse ele. Eu podia realmente ver um brilho em seus olhos que parecia uma luz chegando. Esperei que assim fosse.

Então, muitas pessoas deixam passar a vida que está bem diante delas, que, se saboreada, realmente mudaria o seu humor, sua perspectiva, sua fisiologia, seu nível de estresse e uma série de outros aspectos do seu bem-estar. Mas o seu foco não está no momento que está bem diante delas, mas em algum lugar no futuro decorrente do conjunto de "quandos".

A ciência agora está comprovando que a frase "Aproveite o dia" é mais do que um chavão. É um bom conselho psicológico, e vem direto da mente de Deus. Ele criou seus sentidos e a sua capacidade para desfrutar de cada momento. Tome um banho morno e sinta a água enquanto ela relaxa seus músculos. Dê uma caminhada e perceba a beleza das árvores. Olhe para o rosto de uma criança e sinta a alegria encher a sua alma. Sinta o sol quente na sua pele enquanto está deitado na praia. Pule na piscina e perceba a água fria o envolvendo em um dia quente de verão. E há também a comida... mas este não é um capítulo sobre os meus vícios. Então, vamos dizer que Deus o programou para saborear e desfrutar da vida. Enquanto você faz isso, seu humor e sua perspectiva mudam. Saborear a vida é uma habilidade que vai requerer algum tipo de foco. Mas é também um dos Seus "estilos" que devemos seguir.

Recordo-me de certo dia conversar com um casal que estava tendo problemas para programar uma saída noturna por semana. E eu não queria que eles falassem sobre os problemas em suas saídas, mas apenas desfrutassem um do outro, como faziam nos bons tempos. Imediatamente a esposa revirou os olhos e abanou negativamente a cabeça.

— Por que não? — perguntei.

— Porque ele estará simplesmente fazendo isto — disse ela, enquanto fazia a mímica de uma pessoa digitando em um BlackBerry. — Ele vai passar o jantar inteiro checando seus *e-mails* e sem conversar. Vou me sentir como se estivesse totalmente sozinha.

Meu coração afundou. Aqui estava ele com uma maravilhosa oportunidade de se conectar com a esposa, aquela com a qual Salomão diz para "alegrar-se",[6] e no entanto a experiência dela era que, quando estavam juntos, ele não estava saboreando o momento. Ele está ali e não está ali. E o que ele não percebe, enquanto checa mais um *e-mail* sobre um negócio que acha que vai torná-lo mais feliz "quando" acontecer, sua felicidade está sentada bem do outro lado da mesa e ele não consegue saborear o momento.

Recentemente, visitei um amigo em sua casa no lago e saímos para dar uma volta. Enquanto caminhávamos pelo terreno, ele me mostrou a vista do outro lado da água tranquila, o pôr do sol cor de laranja. Apontou para o balanço que pendia de duas velhas árvores e disse:

— Eu não sou psicólogo, mas sei uma coisa: não importa o que haja de errado com você, se você se senta naquele balanço ali, olha para esse pôr do sol e segura a mão de alguém que você ama, tudo vai ficar melhor. Essa é a minha psicologia.

Ele era um profissional bem-sucedido e, no entanto, o que mais importava na sua vida estava disponível a qualquer um. Eu pensei: *Quantas pessoas não têm a capacidade de desfrutar a vida da maneira que ele acabou de descrever?* Ele havia descoberto a verdadeira riqueza, não no fato de ter uma casa à beira de um lago, mas de conseguir saborear o pôr do sol e estabelecer uma conexão com um ente querido. Essa capacidade foi o que Jesus chamou de a "vida" de uma pessoa, que não consiste em suas posses ou em algo que viria "quando". Estava bem ali e estava sempre disponível para ela.

Então, se você quiser aumentar sua felicidade, preste atenção na sua orientação para os momentos que estão diante de você todos os dias. Abrace-os. Saboreie e celebre as coisas boas. Medite sobre as experiências e as lembranças que têm significado para você. Saboreie, toque, cheire, sinta, olhe e abrace cada olhar, refeição, caminhada e qualquer outra atividade que você faça. Se fizer isso, estará vivendo a sua vida agora e não terá de esperar por qualquer "quando" que venha e que você ache que vai torná-lo feliz. A hora é agora.

5

AS PESSOAS FELIZES CORREM ATRÁS DOS OBJETIVOS

JAMAIS ME ESQUECEREI do rosto dela naquela sexta-feira. Mas, para você entender isso, temos de voltar à noite do domingo anterior. Eu havia acabado de começar uma prática semanal nas noites de domingo com minhas filhas, que na época tinham seis e oito anos: eu me sentava com elas e lhes perguntava sobre seus objetivos para a semana. Em outras palavras, o que elas fariam ao longo da semana que exigiria delas um esforço maior do que antes, para de alguma maneira se tornarem melhores?

Essa noite em questão foi interessante porque eu ia sair da cidade naquela semana e só retornaria na sexta-feira; então, disse-lhes que estava ansioso para ver como elas se arranjariam enquanto eu estava fora. Quando lhes perguntei o que queriam realizar naquela semana, minha caçula, Lucy, disse:

— Papai, vou ler dez livros esta semana enquanto você estiver fora!

— Não, Lucy — respondi. — Um objetivo tem de ser realista. Você não vai ler dez livros; portanto, escolha um objetivo que você realmente vá cumprir. Que tal cinco?

Para entender isso completamente, você tem de saber que ela estava no início do aprendizado da leitura, quando ler ainda constitui um esforço, e ela certamente se desligaria quando ficasse muito difícil. Eu achava que cinco era um objetivo improvável, e dez estava totalmente fora de questão.

— Não, papai. Eu quero ler dez — insistiu ela.

— Lucy... não. Leia apenas cinco, para que você possa realmente cumprir seu objetivo. Será divertido — pressionei.

— Papai, NÃO! — respondeu ela. — Vou ler dez.

— Está bem, ótimo — disse eu, engolindo a minha apreensão de que o seu fracasso a desapontasse e talvez prejudicasse a sua orientação de objetivo para a vida. Um dos problemas de ser um pai psicólogo é que você tende a projetar demais no futuro. Uma transgressão por parte delas e eu já começo a enxergar a prisão quando chegarem aos vinte anos. Então, cedi. — Mal posso esperar para ver! — disse eu, encorajador... até certo ponto.

Fui viajar e, na sexta-feira à noite, mal entrei em casa e minha outra filha, Olivia, correu para mim, gritando:

— Papai! Lucy tem uma coisa pra lhe contar!

— O que é? — perguntei, imaginando o que havia de errado.

— EU LI QUATORZE LIVROS! — exclamou Lucy, com o rosto brilhando e mal conseguindo se conter.

— O QUÊ? — perguntei, absolutamente chocado. — QUATORZE? AH, MEU DEUS! Eu não acredito! Isso é incrível!

Fizemos então uma grande comemoração, e esse foi realmente um avanço enorme para ela. Agora, um ano depois, ela está progredindo na leitura e adorando essa atividade. Não apenas devido àquele incidente, é claro, pois ela tem tido outros trabalhos para fazer. Mas esse, *definitivamente*, foi um momento marcante e algo do qual todos nós podemos extrair uma lição — algo que a pesquisa comprovou diversas vezes: estabelecer e atingir objetivos é bom para nós. A Bíblia coloca isso da seguinte maneira:

> *A esperança que se adia faz adoecer o coração,*
> *mas o desejo cumprido é árvore de vida.*[1]

Quando estabelecemos objetivos, damos asas a nossos desejos e os alcançamos, isso definitivamente faz bem ao coração. Uma pessoa apática que jamais se esforça para atingir objetivos pode se sentir perdida. A pesquisa diz que não somente atingir nossos objetivos, mas também buscá-lo, traz alegria ao longo do caminho. Como pesquisadora da felicidade, Sonja Lyubomirsky diz: "As pessoas que lutam por algo pessoalmente significativo, seja aprender uma nova atividade, seja mudar de carreira ou criar filhos éticos, são muito mais felizes do que aquelas que não têm sonhos ou aspirações significativos. Encontre uma pessoa feliz e você encontrará um projeto". Além disso, "o processo de trabalhar em busca de um objetivo, participar de uma atividade valorizada e desafiadora, é tão importante para o bem-estar quanto atingi-lo".[2]

Na verdade, como descobri mais tarde, Lucy ficou entusiasmada durante toda a semana que passei fora. Ela estava se levantando cedo para ler, depois estruturava seu tempo à noite para terminar de ler outro livro. Ela estava em uma missão, motivada e realizada durante todo o caminho. Não ficou empolgada só na sexta-feira, mas sim durante a semana toda.

Não que uma vida inteira possa se parecer com a correria daquela semana. A vida é uma longa maratona. Mas o que sabemos sobre os objetivos nos diz que tanto a correria dos objetivos de curto prazo quanto a maratona de uma vida inteira em que se busca atingir os objetivos e propósitos de longo prazo contribuem para a satisfação e o bem-estar. Por causa deles, temos a que nos dedicar e também algo em que investir nossas paixões e potencialidades. Ajudam a contribuir para o "fluxo", que é por si só um fator de felicidade. Estruturam nossa vida e lhe dá uma direção. Ajudam a ordenar nosso tempo e nossa energia. E há uma série de outros benefícios que contribuem para uma sensação de bem-estar.

NÃO É QUALQUER OBJETIVO QUE VAI FUNCIONAR

Pouco tempo depois de Lucy superar seu objetivo e ler tantos livros, saí para uma caminhada com minha outra filha, Olivia, que na época tinha oito anos. Estávamos caminhando, conversando sobre vários assuntos, quando ela disse:

— Sabe, papai, eu quero conversar sobre essa coisa de expandir os objetivos.

— Ah é? O quê? — perguntei, emocionado e pensando que isso devia ser importante o bastante para ela levantar a questão.

— Isso não está funcionando para mim. Não gosto disso — disse ela.

— O quê? Por que não? — perguntei.

— Bem, toda semana você nos pergunta sobre os nossos objetivos, e se não temos um você nos diz para pensarmos em um — disse ela.

— É... e? — ponderei. — Qual é o problema?

— Bem, isso não é um objetivo. Um objetivo não é uma coisa que a gente tenha de pensar a respeito. Se ele não vem à nossa mente, e você tem de pensar em criar um, não pode ser um objetivo. Um objetivo tem de estar bem ali no seu coração, pronto para sair — disse ela. — Se eu tenho de pensar nele, não quero atingi-lo.

Imediatamente minha mente voou para as pesquisas sobre os objetivos e como os estudos dizem que os objetivos intrínsecos são aqueles que seguimos, completamos e aos quais adicionamos significado, e que os objetivos externamente impostos não valem tanto. Em outras palavras... Olivia *estava certa*. De imediato, fiquei confuso, e inventei o que achei que fosse uma boa resposta a curto prazo.

— Bem, isso não é exatamente certo — disse eu.

— Por que não? — perguntou ela.

— Você lembra, alguns dias atrás, quando se aproximou de mim e disse que estava entediada e eu lhe disse que você era responsável por sua própria diversão? E então você foi até o seu quarto e começou a dar uma busca naquela sua caixa de brinquedos antigos. Encontrou um monte deles e os usou para criar todo um mundo, e se divertiu muito. Você passou ótimos momentos. Lembra-se disso? — pensei.

— Sim, e daí? — disse ela, sem sair do lugar.

— Bem, seu coração é como aquela arca do tesouro. Às vezes você não sabe o que há ali até escavar um pouquinho. E então vai encontrar um tesouro enterrado no fundo do seu coração... um desejo que você nem sabia que estava ali, e se torna um objetivo. Por isso às vezes lhe peço para pensar nisso — disse eu, me sentindo como se houvesse me esquivado de uma bala.

Ela não respondeu imediatamente, deu vários passos, e então disse num tom de julgamento sumário.

— Não. Isso ainda não é um objetivo.

Bom, pensei, não posso ganhar sempre. Mas ainda continuamos expandindo os objetivos aos domingos.

A LEI DA FELICIDADE

Objetivos intrínsecos são aqueles que seguimos, completamos e aos quais adicionamos significado.

Se um objetivo requer muita ponderação e uma busca da alma, você mesmo pode decidir se ele ainda é um objetivo intrínseco. Acredito que sim, pois muitas vezes as pessoas estão desconectadas de seus verdadeiros desejos, motivações, potencialidades e orientações. Acho que evoluímos com o tempo... e talvez, quando Olivia tiver mais que oito anos para processar a vida, ela venha a concordar comigo. Mas acho que tenho tanto a pesquisa quanto a Bíblia do meu lado.

Em primeiro lugar, a pesquisa mostra que os objetivos intrínsecos, aqueles que vêm de quem você realmente é e são escolhidos por você, em oposição aos que lhe são impostos de fora, são os mais poderosos. Do mesmo modo, a Bíblia também diz que não devemos procurar atingir objetivos que não sejam congruentes com quem nós somos. Isso nos diz para não nos "conformarmos" com o mundo e com suas pressões, mas descobrir nossos verdadeiros dons e exercitá-los com o máximo da nossa capacidade.[3]

Escolhendo objetivos adequados

Então, agarre os objetivos que saltam imediatamente do seu coração e estiveram ali por um longo tempo, ou mergulhe em seu coração para encontrar seus verdadeiros desejos. De um jeito ou de outro, vá em frente. Certifique-se de que seus objetivos são seus próprios objetivos, não os de outra pessoa.

Eu tenho o objetivo de terminar este livro, estou me divertindo trabalhando nele e sei que vou me sentir satisfeito daqui a mais ou menos um mês quando ele estiver pronto. Isso funciona. Veja alguns princípios que podem ajudá-lo a estabelecer objetivos:

Escolha objetivos adequados às suas potencialidades e *talentos*. Se eu tivesse o objetivo de vencer o campeonato Super Bowl, acabaria me tornando infeliz. O simples fato de termos um objetivo não garante a felicidade. Por isso Deus nos diz para nos certificarmos de que estamos vivendo no caminho adequado a nós.

Fragmente seus objetivos em partes factíveis. Por exemplo, ao escrever este livro, eu não pude simplesmente me sentar e escrever um livro. Precisei descobrir quantas palavras ele tinha de ter e quando deveria entregá-lo para a editora, e me adaptar a uma programação de escrever determinado número de palavras por semana entre a data inicial e o final do prazo. Então, o grande objetivo é composto de muitos objetivos menores, com etapas semanais.

Seus objetivos não podem entrar em conflito um com o outro. Anos atrás, montei um *workshop* para ajudar as pessoas a decifrarem seus objetivos e eliminar os conflitos entre eles. O resultado foi que, com a remoção dos conflitos, pessoas que estavam paralisadas há um longo tempo se viram liberadas para ir em frente. Você não pode, por exemplo, atingir dois objetivos que estejam competindo pelo mesmo tempo de dedicação. Ou não pode atingir determinado objetivo que alguém desaprova se tem outro objetivo para fazer essa mesma pessoa feliz. Tem de escolher um.

Além disso, *adicione uma estrutura e uma base aos seus objetivos e terá um resultado melhor*. Por exemplo, se você se juntar a um grupo de perda de peso, um programa estruturado vai ajudá-lo a conseguir atingir o peso que deseja. Se conseguir um treinador individual ou fizer exercícios em grupo, isso vai estimulá-lo. O mesmo acontece com objetivos financeiros ou de qualquer outro tipo. A estrutura é muito importante para tornar os objetivos uma realidade, especialmente se você tem dificuldades com a autodisciplina. Se você é assim, não negligencie o poder do apoio. O apoio social para o alcance dos objetivos tem demonstrado ser da maior importância. Use o sistema do companheiro. Como diz o Eclesiastes,

> *Melhor é serem dois do que um, porque têm melhor paga do seu trabalho.*
> *Porque se caírem, um levanta o companheiro; ai, porém, do que estiver só; pois, caindo, não haverá quem o levante.*

Também, se dois dormirem juntos, eles se aquentarão; mas um só, como se aquentará?
Se alguém quiser prevalecer contra um, os dois lhe resistirão; o cordão de três dobras não se rebenta com facilidade.[4]

As pessoas conectadas têm um desempenho melhor em todos os aspectos da vida, especialmente quando se trata de estabelecer e atingir objetivos. Mesmo quando se trata de objetivos e buscas individuais, trabalhar com outra pessoa, ou com um pequeno grupo que apoie seus objetivos e possa ajudá-lo, vai aumentar drasticamente suas possibilidades de sucesso. Outro dia um amigo pediu minha opinião sobre seu problema de peso. Ele disse que não conseguia arranjar força de vontade para isso, embora muitas vezes tenha conseguido perder peso. Ele pesa cerca de 140 kg.

A LEI DA FELICIDADE

As pessoas conectadas têm um desempenho melhor em todos os aspectos da vida, especialmente quando se trata de estabelecer e atingir objetivos.

Eu lhe perguntei como havia perdido peso das outras vezes, e ele citou vários programas bastante conhecidos, todos os quais incluem reuniões e grupos de apoio. Achei curioso que não conseguisse se controlar nesse tipo de estrutura, considerando que havia obtido tanto sucesso nos estágios iniciais. Então, perguntei-lhe também:

— O que o grupo fez quando você começou a desanimar?

— Eu parei de ir às reuniões do grupo — disse ele. — Não gosto muito de participar de grupos.

— Detesto ter de lhe dizer isso, mas a pesquisa mostra que as duas coisas andam juntas — respondi. — Se você sai do grupo, não tem tanta probabilidade de ser bem-sucedido. Estava funcionando enquanto você ia às reuniões. Mas, quando parou de ir, voltou a ganhar peso. Você está confirmando a pesquisa. O negócio é o seguinte. Eu não estou tentando lhe convencer a ir ou não às reuniões. Estou simplesmente lhe relatando os dados. É como a gravidade, nem boa nem ruim. Você pode ir ou não ir, mas as pesquisas mostram que é muito mais provável que atinja seus objetivos com o apoio do grupo. Esse é apenas um fato neutro.

Tudo o que ele conseguiu fazer foi um aceno de cabeça. Você não pode ir contra os dados, só pode escolher de que lado vai ficar. Quer atingir seus objetivos? Encontre um companheiro, ou vários.

Outra maneira de atingir seus objetivos é *descobrir aqueles que sejam consistentes com seus valores e com a estrutura da sua vida, objetivos que lhe deem propósito e significado na vida.* Aqueles que significam algo para você são os que vão torná-lo mais feliz ao longo do caminho.

E lembre-se: a felicidade é encontrada não só na linha final do seu objetivo, mas ao longo da própria jornada. Por isso, *escolha objetivos que requeiram que você ame o seu trabalho e que o envolvam em tarefas que sente prazer em realizar.*

Se você quer manter a forma, mas detesta caminhar, então exercite-se em uma bicicleta ergométrica enquanto assiste a seus DVDs preferidos. Se quer lutar em prol dos desabrigados, mas tem medo de trabalhar no centro da cidade, junte-se ao setor de levantamento de recursos de um abrigo local e estabeleça o objetivo de conseguir cem novos doadores. Tanto quanto possível, desfrute dos passos que vão conduzi-lo à reta final.

Certamente, você não vai sentir prazer a cada minuto enquanto corre atrás de seus objetivos. Qualquer objetivo digno desse nome envolve sacrifício. Ouvi uma entrevista com uma medalhista de ouro olímpico em que ela dizia que se levantava todos os dias às 5 horas da manhã e ia para uma piscina de água fria para treinar. Ela disse: — Eu detesto isso. Detesto as manhãs e detesto água fria.

Nada que valha a pena ser alcançado é fácil. Mas tenho certeza de que ela adora nadar e adora competir nas Olimpíadas. Então, no final das contas, ela até gosta de levantar cedo e ir para a água fria, pois isso faz parte do todo. Assim, esteja preparado para o sacrifício, mas descubra um sacrifício que tenha o amor inserido em algum lugar.

O TODO E OS PEQUENOS DETALHES

Lembre-se, a vida é composta do todo e dos pequenos detalhes: objetivos de vida, objetivos de cinco anos, objetivos anuais, mensais, semanais e diários. Eu gosto não apenas de pensar no todo na minha vida e no meu trabalho, mas também nos pequenos detalhes. Por exemplo, hoje, quando me sentei para escrever, perguntei a mim mesmo: *Hoje, no fim do dia, o que para mim terá sido um dia proveitoso de trabalho?* Designei um número de páginas para atingir esse objetivo e, no fim do dia, apesar das interrupções, vou chegar lá e ficar muito mais feliz do que se tivesse me atrapalhado com as dificuldades.

E a esse dia serão acrescentados outros dias que vão me proporcionar uma semana de sucesso, e assim por diante. Finalmente, vou atingir o objetivo de terminar este livro, e isso vai se inserir no meu objetivo e propósito de vida, que é proporcionar informações úteis que possam melhorar as vidas

das pessoas. (Você mesmo pode decidir se este livro é útil para você.) Mas o todo não pode acontecer sem os pequenos objetivos diários. Eles andam juntos. Você quer perder 25 quilos? Então tenha um objetivo pequeno de andar 45 minutos por dia em ritmo acelerado. Os pequenos resultados se somam.

Torne seus objetivos específicos, mensuráveis, atingíveis, realistas e convenientes, comumente conhecidos como objetivos INTELIGENTES. Sonhe grande, mas torne o sonho grande algo real que possa ser atingido, mensurado, e que possa se adequar ao mundo real do tempo e dos prazos finais. Objetivos reais, atingíveis e estruturados vão engajá-lo e ajudá-lo a se sentir bem-sucedido ao longo da jornada.

Deus o fez à Sua semelhança, uma pessoa que é criativa, que tem talentos, cérebro e habilidades, e que pode prever um futuro que ainda não existe. Os objetivos vão ajudá-lo a juntar tudo isso. Crie seus sonhos, grandes e pequenos, e empreenda seus talentos e suas habilidades para criar o amanhã que você vislumbra. Isso com certeza vai ajudar a sua felicidade.

6

AS PESSOAS FELIZES SE ENVOLVEM TOTALMENTE

VOCÊ ALGUM DIA já teve a experiência de sentir o tempo simplesmente "voar"? De estar envolvido em alguma atividade e ficar tão absorvido nela que perdeu a noção do tempo, a ponto de no fim dizer: "Como o tempo passou rápido"? Ou já teve a experiência oposta em que estava tão pouco envolvido que pareceu que o relógio não andou? Ele se arrastou vagarosamente e você se sentiu como se jamais pudesse sair "dali"?

Um minuto é um minuto, e uma hora é uma hora. Mas, em momentos diferentes, com pessoas diferentes e com atividades diferentes, um minuto pode parecer muito diferente de outro minuto; e uma hora, muito diferente de outra hora. E, em alguns casos, os minutos podem até parecer horas.

Por que isso acontece? Como a mesma quantidade de tempo pode parecer tão diferente em momentos diferentes?

Não sabemos todas as razões — pois o próprio tempo tem seus mistérios —, mas a pesquisa nos mostra algumas coisas, e uma delas é exatamente o que a Bíblia nos diz: *A vida boa é a vida na qual nos envolvemos com as coisas*. Por várias vezes ela nos diz para fazer as coisas com todo o nosso coração.[1]

O que isso significa? Significa que, quando está envolvido com o que está fazendo, você é uma pessoa mais feliz e o tempo simplesmente parece desaparecer. Na verdade, você gostaria que houvesse mais tempo, não menos. E o oposto também é verdade. Quanto menos envolvido você está, mais devagar o tempo parece passar; você deseja que algo diferente aconteça logo, pois parece que ele nunca vai passar. (Por que me vêm à mente minhas aulas de inglês no ensino médio?)

A Bíblia se refere a esse tipo de total envolvimento como estar dedicado "de corpo e alma". A participação de corpo e alma significa que você está realmente comprometido com o que está fazendo; e, se estiver assim, segundo os estudos, será mais feliz. Você estará conectado com tudo o que você é.

Uma das partes da pesquisa sobre a felicidade se concentra profundamente nessa experiência e dá a ela o nome de "fluxo". Refere-se ao envolvimento de corpo e alma em uma atividade que nos conduz a outro nível de existência.

Um pesquisador chamado Mihaly Csikszentmihalyi realizou um trabalho extenso nessa área e isolou as condições em que o fluxo ocorre. Fluxo é o nome que ele dá às experiências das pessoas em que "a sensação da duração do tempo é alterada: as horas passam em minutos e os minutos podem se estender até parecerem horas. A combinação de todos esses elementos causa uma sensação de profundo prazer, tão gratificante que as pessoas sentem que despender muita energia vale a pena, simplesmente para conseguirem ter essa sensação".[2]

CONDIÇÕES NECESSÁRIAS PARA QUE O FLUXO ACONTEÇA

O fluxo não acontece em qualquer momento. Segundo Csikszentmihalyi, ele ocorre quando há alguma combinação de determinados elementos. Por exemplo, as atividades que estamos realizando devem ser ao mesmo tempo desafiadoras e factíveis. Devemos estar focados e concentrados. Precisamos ter objetivos claros, saber o que se espera de nós e saber como estamos nos saindo. Precisamos estar profundamente envolvidos e ter algum controle sobre o que estamos fazendo. E temos de nos perder e perder a noção do tempo. A atividade tira "tudo de nós" e vivenciamos o fluxo.

Fico impressionado de ver como esses elementos estão prescritos por toda a Bíblia nos conceitos de envolvimento pleno, diligência, talento, autocontrole e investimento em atividades significativas. Deus não quer que desperdicemos nosso tempo. Ele quer nos ver investindo nosso tempo de maneiras que façam o próprio tempo desaparecer. Quando leio os relatos das pessoas sobre a experiência do fluxo, sempre penso que a atemporalidade sobre a qual elas falam acontece porque elas saíram da experiência terrena e provaram um pouquinho da eternidade. O céu não conhece o tempo e, quando estamos mais próximos do céu, também perdemos a noção do tempo.

A LEI DA FELICIDADE

Quando leio os relatos das pessoas sobre a experiência do fluxo,
parece que elas saíram da experiência terrena
e provaram um pouquinho da eternidade.

Mas chegar lá, ser feliz a esse ponto, requer que você se envolva nas atividades das quais realmente gosta e que desenvolva as habilidades que lhe permitirão desfrutar dessas atividades. Também requer que você se expanda. Uma das grandes descobertas da pesquisa do fluxo é que, para vivenciá-lo, você tem de sair da sua zona de conforto e se expandir para um nível desafiador. Eu adoro isso! As pessoas felizes são pessoas *vivas*. Elas acordam todos os dias e se impulsionam para ser mais do que foram ontem. Isso significa que, nos diferentes contextos da sua vida, você se impulsiona. Em seu casamento ou nos relacionamentos mais íntimos, você dá um passo além do que deu antes. Por exemplo, você se abre para um nível mais profundo e se arrisca a compartilhar seus temores ou sentimentos mais vulneráveis. Em seu emprego, você se impele a realizar coisas que nunca tentou antes e, como resultado desse passo de crescimento, fica mais envolvido e revigorado. Você "despertou". Nas áreas de crescimento pessoal, você tenta coisas que expandem seus níveis de habilidade. Isso pode levá-lo a assumir alguns riscos e aprender alguns novos *hobbies* ou habilidades.

Tudo isso quer dizer estar vivo em níveis profundos. Podemos realizar algumas dessas atividades tantas e tão repetidas vezes que não ficamos mais despertos quando as realizamos. O fluxo, a atemporalidade, a felicidade e a realização, tudo isso implica estar envolvido de corpo e alma, e chegar lá significa que nos envolvemos em atividades que nos mobilizam. Elas tomam conta do nosso coração e nos convidam a realmente nos expormos. A TV faz isso por você?

Provavelmente não. Em vez disso, por que não despender seu tempo fazendo algo que o absorva por inteiro? Como escreveu Martin Seligman:

> Considerando todos os benefícios e o fluxo que as gratificações produzem, é muito estranho que em geral escolhamos o prazer (e pior, o desprazer) em vez da gratificação. Na escolha noturna entre ler um livro e assistir a um seriado cômico na televisão, muitas vezes escolhemos o último — embora os levantamentos mostrem repetidamente que o estado de ânimo médio quando se assiste a seriados cômicos na televisão é uma leve depressão. Escolher sempre os prazeres fáceis em vez das gratificações pode ter consequências desagradáveis.[3]

Então, há duas lições aqui. *Primeiro*, esteja totalmente envolvido no que quer que esteja fazendo, e encontre maneiras de se envolver cada vez mais. *Segundo*, certifique-se de que esteja escolhendo atividades e maneiras de passar o seu tempo que possam realmente deixá-lo envolvido. Escolha coisas gratificantes para fazer, coisas que façam o tempo desaparecer, em vez de "passar o tempo". Vamos examinar a seguir essas duas lições.

O ENVOLVIMENTO PLENO E AS ATIVIDADES GRATIFICANTES

Explorar essas lições pode requerer que a alma saia em busca de algumas coisas, e em duas direções diferentes.

Esteja plenamente envolvido

Talvez você esteja escolhendo maneiras gratificantes de passar o seu tempo, mas não esteja plenamente envolvido. Seus medos, conflitos ou preocupações podem estar atrapalhando. Se é assim, comprometa-se em "estar lá" quando estiver lá. Talvez você precise dar alguns passos nessas atividades para poder se expandir. Mas, seja como for, se valer a pena fazê-lo, vale a pena que o faça com todo o seu coração.

Toda a mensagem da Bíblia é que a única maneira de viver é de corpo e alma, "com um coração íntegro e alma voluntária":

> *Tu, meu filho Salomão,*
> *conhece o Deus de teu pai e serve-o de coração íntegro*
> *e alma voluntária; porque o SENHOR esquadrinha*
> *todos os corações, e penetra todos*
> *os desígnios do pensamento.*[4]

Deus sabe quando nosso coração está em alguma coisa e quando não está. E, para ser franco, todo mundo sabe! Pense nas pessoas que você conhece. Observe a vida delas. Aquelas realmente felizes são as que estão envolvidas de corpo e alma. As pessoas felizes no casamento dão tudo de si ao relacionamento. Elas estão "engajadas". As pessoas com ótimos filhos e que adoram ser pais estão "engajadas". Aquelas que têm um alto desempenho no trabalho estão 100% engajadas. Como é frustrante estar em uma equipe de trabalho com alguém que não está envolvido. Quem são as pessoas que estão "em forma" e saudáveis? Não aquelas que se exercitam de maneira apática duas vezes por ano. Se você quer ser feliz, só há uma maneira de viver a vida: ficar totalmente envolvido, totalmente engajado. Do contrário, você de fato não está vivendo, como nos mostram a pesquisa da felicidade e a Bíblia.

A LEI DA FELICIDADE

Se você quer ser feliz, só há uma maneira de viver a vida: ficar totalmente envolvido, totalmente engajado.

Escolha atividades gratificantes

À medida que você tenta ficar totalmente envolvido, pode ter de perguntar a si mesmo: *a que tipo de atividade eu tenho dedicado o meu tempo?* Se estiver dedicando todo o tempo a atividades monótonas, chegou o momento de parar e "despertar". Escolha algumas coisas para fazer que sejam dignas do seu pleno envolvimento e que querem que você esteja ali. Você vai se sentir muito mais vivo.

Em meu trabalho, ao longo dos anos, houve momentos em que estive fazendo as mesmas coisas durante muito tempo e acabei ficando no piloto automático. Eu sentia que estava ficando menos vivo. Mas, nessas ocasiões, quando busquei Deus para me orientar no que fazer em seguida, Ele me proporcionou oportunidades que eu não esperava e que foram muito instigantes. Havia uma coisa que todas elas tinham em comum: *eu nunca as havia feito antes e elas requeriam que eu me expandisse, me arriscasse e crescesse.* E todas as vezes, posso lhe dizer, tive medo. Não sabia se conseguiria ser bem-sucedido. Mas essas atividades também requereram que eu ficasse plenamente desperto. Para muitas delas, tive de fazer pesquisa, obter mais treinamento ou buscar a sabedoria de mentores e consultores. Elas me fizeram crescer.

Atualmente dou muitas palestras, às vezes para plateias enormes ou para eventos transmitidos por satélite para mais de cem mil pessoas. A primeira vez que fiz uma delas posso lhe garantir que estava apavorado. Mas aquela ansiedade não foi *nada* em comparação com a primeira palestra que fiz quando estava começando a aprender a falar em público. E havia apenas cerca de 40 pessoas na plateia! Fiquei paralisado. Incrivelmente aterrorizado. Mas Deus fez com que eu me expandisse, e o resultado natural quando nos expandimos é que crescemos. Hoje, encarar cem mil pessoas me parece muito mais fácil do que aquelas 40 do início. Eu consigo realmente aproveitar a experiência. Mas também me lembro de outra coisa sobre cada uma dessas janelas nas épocas de expansão: *foram épocas muito felizes*. Eu estava apavorado, como já disse, mas estava sendo desafiado e me sentia vivo. E essas foram algumas das melhores épocas da minha vida. Foram épocas de *fluxo*.

Peça a Deus para orientá-lo no que fazer. Pode ser algo novo que o expanda para uma experiência de fluxo, ou pode ser envolver-se naquilo que está bem diante de você. Talvez você precise reorganizar sua descrição de trabalho ou de carreira, para passar mais tempo fazendo aquilo em que é mais competente e que o envolve completamente. Segundo a pesquisa, as empresas que usam seu pessoal dessa maneira têm o melhor desempenho. Trabalhe com seu chefe para maximizar seus talentos.

Seja como for, quer se destacando mais naquilo que já está fazendo ou realizando novas tarefas, não deixe que o tempo simplesmente vá passando devagar. Faça com que ele desapareça, enquanto você prova um pouquinho do céu tendo uma vida em que se envolve por completo.

7

AS PESSOAS FELIZES SE CONECTAM

PATRICK ATINGIU SEUS objetivos de carreira mais depressa do que a maioria das pessoas. Tornar-se presidente de uma importante companhia com pouco mais de 30 anos era algo que superava até suas próprias expectativas. Sua inovação chamava a atenção em seu setor e atraía os agentes financeiros. Os investidores se aproximavam dele e aplicavam dinheiro em quase tudo o que ele quisesse fazer. Ele estava indo longe, parecia ter o toque de Midas.

Por trás disso, no entanto, as coisas não eram o que pareciam ser. Embora seu desempenho fosse realmente bom e ele estivesse genuinamente empolgado com tudo, a excitação dava lugar às vezes a uma outra vida. Ele tinha uma "vida secreta" que ninguém conhecia. Além das inúmeras mulheres com quem vinha tendo casos, estava envolvido em alguns comportamentos arriscados que eram totalmente opostos ao seu calculado comportamento executivo. Quando voava pelo país, ele parava em Las Vegas, gastava montes de dinheiro e participava de festas pouco condizentes à vida de um conhecido CEO. Se a diretoria de sua empresa ou os jornais de negócios pudessem vê-lo, talvez nem o reconhecessem.

Até que um dia o reconheceram, porque as mulheres começaram a comentar. Tudo desmoronou quando duas de suas amantes decidiram que estavam cansadas de ficar no anonimato e apareceram com algumas exigências. Elas não estavam felizes em terem sido convenientes para os caprichos dele, disponíveis quando ele queria e tendo de desempenhar um papel secundário pelo resto da vida dele, incluindo sua família. A imagem que ele havia construído de prudente diretor corporativo explodiu.

De início, ele ficou arrasado. Tentou controlar os prejuízos e se defender, mas, com todas as informações vindo à tona, foi inútil. Por fim, contou a verdade à diretoria e a outros importantes acionistas, todos aqueles que poderiam ter sido prejudicados por causa de seu mau comportamento. Ele confessou tudo — até fatos que não haviam vindo à tona —, pediu desculpas e disse estar arrependido.

Mas, além disso, ele contou a verdade *pessoalmente*. Disse à diretoria e àqueles que estavam à volta dele que ele realmente queria mudar a sua vida e precisava de ajuda nesse sentido. A diretoria me pediu para orientá-lo durante esse processo. Ele também começou a fazer terapia e eu o encorajei a se unir a um grupo de apoio à liderança. Em minha opinião, Patrick estava seriamente preocupado com a sua vida.

O que veio à tona quando começamos a examinar todo o problema foi que ele sempre teve um desempenho de "astro" e sempre foi muito pressionado para parecer competente, obter sucesso e liderar qualquer um com quem se associasse. Adulto, era o típico "herói" da família, aquele que nunca precisou de nada de ninguém; era o mais forte e sempre aquele que cuidava dos outros. O que constatei foi a total ausência de apoio na sua vida e o grau de isolamento emocional em que ele vivia. Mas quando mencionei isso, ele não tinha ideia do que eu estava falando.

À medida que prosseguíamos, ele veio a entender que não confiava nem dependia de ninguém e, em um nível mais profundo, *ninguém estava conectado de verdade com ele*. Ele interagia muito com as pessoas, mas não mostrava as partes dele que estavam carentes, como seus sentimentos mais vulneráveis de medo, solidão ou mágoa. Sempre encobriu esses aspectos da sua vida com mais "medalhas de ouro e troféus". O que ele não entendia, no entanto, era que esse vazio em seu coração, essa ânsia por pessoas que o conhecessem, e suas lutas internas, eram o que estava desencadeando sua falta de autocontrole, seu comportamento arriscado e até mesmo viciado. Ele precisava aprender uma nova maneira de ser. Tinha de aprender a falar com as pessoas sobre como estava se sentindo, mesmo quando não fosse um "vencendor" ou "bem-sucedido". Tinha de expressar suas necessidades, suas mágoas e seus medos.

— Então, o que você quer dizer quando fala que eu preciso ser dependente das pessoas? — perguntou ele.

— Quero dizer que quando você estiver se sentindo fraco, com medo ou simplesmente solitário, deve telefonar para as pessoas que se tornaram disponíveis para você e conversar com elas a respeito. E quero que você faça isso com o seu grupo e também com o seu terapeuta.

— Então a ideia é que eu conte a eles o que passei? — perguntou ele.

— Não exatamente — respondi. — Conte a eles *quando estiver passando por isso. Telefone para eles quando estiver se sentindo assim.*

— Você deve estar brincando — disse ele. — Telefonar para eles e me lamentar?

— Eu não chamaria isso de se lamentar. Eu chamaria de ser honesto. Esta é, afinal, uma parte real de você e de sua vida. Mas, como você a tem negado, seu coração e sua alma estão famintos de conexão e conforto e têm uma vida própria, buscando o que necessitam. A menos que você consiga alimentá-los com um alimento real, em vez de com experiências sensuais, sempre se verá em dificuldades.

Ele entendeu e começou a fazer o que havíamos discutido. Começou a procurar seus grupos de apoio, a se abrir com os amigos, a se apoiar neles nas vezes em que se sentia triste, e a convidar sua esposa para conhecer as partes sombrias de seu coração. Sua sinceridade com relação a tudo isso foi uma das principais razões de ela ter decidido permanecer ao lado dele. Uma vez que ele continuou sendo verdadeiro e sinceiro com ela e com os outros, foi se tornando uma pessoa diferente.

— Não sei como descrever isso — disse ele. — Mas eu me sinto vivo pela primeira vez na vida. Sei que tive muitas experiências maravilhosas, grandes sucessos, mas isto é diferente. A única palavra que consigo usar é "vida". É como se a "vida" estivesse crescendo dentro de mim. Posso sentir isso todos os dias quando acordo. Simplesmente me sinto vivo. A parte estranha disso tudo é que eu estava, ou possivelmente ainda estou, perto de perder tudo o que tenho, e mesmo assim me sinto melhor do que jamais me senti.

— Como você explica isso? — perguntei.

— A única coisa que sei dizer é que pela primeira vez na vida eu sinto que as pessoas me amam... apenas por mim mesmo. Certamente não estou no meu melhor momento, e por isso o fato de elas me aceitarem agora com toda essa confusão que criei faz com que eu sinta que elas realmente se importam comigo. E essa é a melhor sensação que eu já senti. Sinto-me como aquela palavra que você disse, mais "conectado" com elas do que jamais estive. Acho que sempre pensei que as pessoas gostassem de mim porque eu tinha um ótimo emprego, mas isto é diferente.

Patrick achava que estava falando alguma bobagem, pois colocar isso em palavras não fazia sentido para ele. Só conhecia a sua experiência. Mas não eram bobagens, de maneira nenhuma. Era o aspecto mais básico da vida humana. Na linguagem popular, chama-se "ligação" ou "conexão". O Novo Testamento diz que nosso coração deve estar "vinculado em amor",[1] para criar um "vínculo da perfeição".[2] Esse não é um jargão de catequismo ou tagarelice de psicólogo. É o aspecto mais importante do funcionamento: sem vínculos, nós morremos. Ponto final.

Embora Patrick tivesse alcançado todas as realizações e prêmios que ele achava que o fariam feliz, Deus não nos construiu para sermos estimulados pelas realizações, posses ou troféus. Ele nos construiu para sermos estimulados pelo amor. E o amor só vem quando se está profundamente conectado aos outros.

A LEI DA FELICIDADE

Deus não nos construiu para sermos estimulados pelas realizações. Ele nos construiu para sermos estimulados pelo amor.

Esse exemplo das maneiras de Deus é um dos mais comprovados pela pesquisa. Nós sabemos mais sobre o valor da conexão e da destrutividade do isolamento do que sobre a maioria das outras coisas. Quando as pessoas têm fortes sistemas de apoio nos quais podem processar suas necessidades, seus temores etc., elas são:

- Fisicamente mais saudáveis, com menos doenças e um sistema imunológico mais forte.
- Mais capazes de lidar com suas doenças e seus tratamentos médicos.
- Emocionalmente mais saudáveis, com menos estresse, depressão e ansiedade.

- Mais capazes de ter sucesso nas tentativas de mudar a vida.
- Mais capazes de atingir seus objetivos.

E mais. Todo este livro poderia estar repleto de descobertas da pesquisa relacionadas ao poder dos relacionamentos para nosso bem-estar. Tudo o que fazemos e com que nos importamos é afetado pela qualidade, quantidade e nível de conexão que temos em nossa vida, tanto no lado positivo quanto no lado negativo. Conexões significativas e profundas com outras pessoas o ajudam a conseguir as boas coisas que você deseja, e também o ajudam a superar os padrões, comportamentos e síndromes negativas que o estão magoando.

O PODER DO APOIO DAS PESSOAS

Observação simples: você já percebeu que as pessoas que lutam contra um vício, que sempre prometem deixá-lo e nunca conseguem, finalmente ficam sóbrias quando, e somente quando, se juntam a algum tipo de programa de recuperação que tem o apoio de um grupo?

Você já conheceu alguém que tentou perder peso ano após ano e nunca obteve sucesso, mas finalmente conseguiu depois que se juntou a um bom programa que tem apoio de grupo?

E quanto a uma pessoa que enfrentou um relacionamento difícil porque era codependente e, ano após ano, percebia que sua vida era controlada por uma pessoa irresponsável, violenta ou viciada, incapaz de se controlar? E então se juntou a um grupo de codependência e finalmente conseguiu a coragem não apenas de estabelecer alguns limites, mas também de ficar mais saudável?

Ou, do lado positivo da vida, você já observou alguém que queria alcançar alguns objetivos ou desenvolver um negócio e só foi bem-sucedido depois que conseguiu o tipo de apoio e orientação de que necessitava?

Todos nós já vimos essas grandes mudanças acontecerem: a estratégia reflete o bom-senso. Mas há uma razão para isso se comprovar com tanta frequência: é a maneira que Deus designou que a vida deveria funcionar e, na verdade, não funciona de outro modo. Seu cérebro, seu coração, sua alma e seu corpo reagem aos relacionamentos com outras pessoas. É nos relacionamentos que obtemos nosso estímulo, nossa motivação, nosso poder de sustentação e muito mais. Nossa química cerebral, por exemplo, muda com o apoio, assim como nosso sistema imunológico.

Um dos meus estudos favoritos é aquele em que os pesquisadores colocam um macaco em uma situação de alto estresse e medem os hormônios decorrentes desse estresse. Após realizarem a primeira medição, os cientistas mantêm os fatores de estresse (ruídos altos, luzes etc.) e só mudam uma coisa: *colocam outro macaco na jaula*. Quando medem novamente os hormônios do estresse, percebem que eles foram reduzidos a cerca da metade. Simplesmente porque o macaco agora tinha um companheiro!

Você se lembra da fórmula da felicidade examinada anteriormente, aquela que diz que quase a metade da nossa felicidade vem de questões que podemos controlar (10% vêm das circunstâncias externas, 50% das conexões naturais e 40% das práticas que controlamos)? Lembre-se de que não foi introduzida nenhuma diferença nas circunstâncias ou nos genes dos macacos. A diferença no nível de estresse ocorreu por causa dos outros 40% na vida de uma pessoa, a parte que ela pode controlar, *esteja ou não sozinha em um mundo estressante*. E, assim como o nível de estresse foi reduzido à metade, sabemos pela pesquisa que o mesmo tipo de alívio pode acontecer também conosco. Coloque alguns outros macacos na jaula da vida junto com você.

Por isso a Bíblia nos diz para chorar com aqueles que choram, encorajar um ao outro quando necessário, fortalecer um ao outro quando estamos fracos. Por isso os combatentes que saltam de paraquedas em zonas de guerra tentam imediatamente se certificar de onde está seu companheiro. Nós precisamos uns dos outros. É o desígnio de Deus.

Certa vez, fiz um projeto de consultoria em que estávamos tentando aumentar as vendas de uma companhia de seguros. Antes de planejarmos o programa, pesquisamos vários números e práticas de vendas básicas de várias regiões.

Ao compará-las, fizemos uma descoberta importante que chamou a atenção de todos: as regiões que haviam estruturado reuniões de equipe com apoio, encorajamento, motivação, discussões e celebração superaram muito as outras em vendas e satisfação. A partir daí, pudemos planejar um programa que ajudasse as outras regiões a realizarem atividades similares, e elas melhoraram muito.

Por quê? Porque Deus nos fez dessa maneira. Ele criou nosso cérebro para reagir quimicamente de maneira positiva ao apoio das outras pessoas e para reagir negativamente quando não contamos com esse apoio. Criou nosso coração e nossa alma para fazer o mesmo. Além disso, nosso corpo também melhora quando estamos conectados. Nossa saúde fica melhor, nosso coração mais forte e nosso sistema imunológico combate as doenças e o estresse de modo muito mais eficaz. Em suma, nós precisamos um do outro.

A LEI DA FELICIDADE

Deus criou nosso cérebro para reagir quimicamente de maneira positiva ao apoio das outras pessoas e para reagir negativamente quando não contamos com esse apoio.

Faça as coisas à sua maneira

Uma coisa que aprendi com minha mãe quando recorria a ela para aprender uma de suas famosas receitas foi: não há apenas uma maneira de se fazer algo. Se você não tem óleo, use um pouquinho de manteiga. Se está sem farinha, um pouco de massa de bolo em caixinha vai funcionar. Consigo até imaginá-la falando: "*Ah, tudo bem. Agora coloque um pouquinho de __________. Vai ficar ótimo*". Ela parecia ter uma solução para qualquer coisa. Como psicólogo, descobri que ocorre quase a mesma coisa quando se trata de conexão. Não há maneira certa de fazer isso, mas o importante é que você o *esteja fazendo.*

Você pode se unir a um grupo de apoio ou a um grupo de oração. Pode consultar um psicólogo ou terapeuta, ou contratar um orientador para sua vida. Em toda parte há grupos de recuperação, assim como estudos da Bíblia nos bairros, organizados por muitas igrejas. Ou você pode encontrar alguns amigos que pensam como você, que querem melhorar a vida, e formam um grupo em que um apoia o outro. Conversei outro dia com um grupo de três mulheres, e todas estavam passando por mudanças na carreira e na vida. Elas se reuniam em uma teleconferência todas as manhãs às sete horas e revisavam seus objetivos para o dia. Disseram que em seis meses a vida de cada uma delas mudou drasticamente. O apoio estruturado fez isso por elas.

Do lado informal, tente sempre se reunir e manter contato com seus amigos, em um nível de "alma". Não que você possa confiar todos os seus segredos a todos os seus amigos, mas os amigos de confiança são aqueles com os quais você deve aprender. Se você seguir este conselho, será mais feliz e viverá mais tempo.

Não há uma única maneira de permanecer conectado. Portanto, meu conselho é o seguinte: se você consegue fazer isso sozinho informalmente e isso está satisfazendo suas necessidades, ótimo. Continue assim. Mas, se informalmente e sozinho não está funcionando, então, inicie algum processo estruturado e mais formal, como se juntar a um grupo já existente ou procurar um terapeuta. O fundamental é acrescentar mais um nível de estrutura ao que não está funcionando agora. Mas lembre-se: você foi criado por Deus para estar conectado com as outras pessoas. Ele fez você desse jeito. Então, saia e siga o Seu desígnio; prometo que você vai melhorar.

8

AS PESSOAS FELIZES NÃO SE COMPARAM COM AS OUTRAS

NA PARÁBOLA DOS talentos, Jesus nos conta a história do dono de uma propriedade e três de seus criados. O primeiro recebeu cinco talentos,* o segundo recebeu dois e o terceiro recebeu apenas um. O dono da propriedade saiu de viagem enquanto eles usavam seus talentos, e quando retornou contabilizou os resultados. Aquele que recebeu cinco talentos ganhou mais cinco; o que tinha dois ganhou mais dois; e o que começou com apenas um teve tanto medo de perdê-lo que o enterrou e não recebeu nada.

O patrão, depois de fazer a contabilidade, ficou contente com os dois primeiros. Disse para ambos: "Muito bem,

* Talento era uma moeda usada na Antiguidade. (N. da T.)

bons e fiéis criados!", porque eles pegaram os talentos que haviam recebido, os aplicaram e os multiplicaram. Mas aquele que não fez nada com seu talento foi duramente repreendido por nem ao menos tentar.

Na maioria das vezes, quando ouvimos essa parábola, o foco da lição está na recusa do terceiro homem em usar o que lhe havia sido dado. Por isso, somos advertidos a não fazer o mesmo, mas a ser como os dois primeiros e usar nossos talentos e habilidades para fazermos o melhor que pudermos.

Essa é uma grande lição, e no Capítulo 5 vimos que investir em objetivos compensadores realmente contribui para nossa felicidade. Mas aqui eu gostaria de me concentrar em outra lição importante que essa parábola revela, uma que a pesquisa confirma e nossa própria experiência na vida vai confirmar. A lição é a seguinte: *nós não devemos nos comparar com as outras pessoas. Deus não o fez e nós também não devemos fazê-lo.*

Entretanto, muitas pessoas com dois talentos se sentem um pouco diferentes do "Muito bem, bons e fiéis criados!". Em vez de se sentirem como "A vida é boa! Sou grato pelos talentos que Deus me deu, me esforcei muito e olhem o que aconteceu! Fiz um bom trabalho. Alcancei objetivos importantes!", sua perspectiva passa a ser algo como: "Sou um perdedor. Só recebi dois talentos e, com esses dois, só produzi mais dois. Agora só tenho quatro. Olhe o Rico descendo a rua. Ele ganhou mais *cinco*. Ele é muito melhor do que eu. Estou sempre fazendo menos do que ele. Aposto que ele vai pegar seus cinco e conseguir mais cinco. E então eu serei um perdedor ainda maior".

Mas, na parábola, Jesus não diz nada assim. Ele de modo algum compara qualquer um deles com os outros. Só os compara no que diz respeito ao esforço em usar o que lhes foi dado e extrair o melhor disso. Ele os gradua segundo eles próprios e seus esforços.

Veja a maneira como a Bíblia descreve esta verdade em outro momento:

> *Mas prove cada um o seu labor e,*
> *então, terá motivo de gloriar-se*
> *unicamente em si e não em outro.*
> *Porque cada um levará o seu próprio fardo.*[1]

O que sempre importa é o que você está fazendo com sua própria vida. As comparações com outras pessoas não têm nada a ver com a realidade. Deus fez você único, com dons e habilidades, talentos e energia, e comparar-se com qualquer outra pessoa é como comparar maçãs e laranjas. E a pesquisa revela que fazer isso acaba destruindo nosso humor. Como diz uma das principais pesquisadoras da felicidade, a dra. Sonja Lyubomirsky: "Meus alunos e eu realizamos muitos outros estudos que mostravam essencialmente o mesmo resultado: que *quanto mais feliz é a pessoa, menos atenção ela dá à vida dos outros à sua volta*".[2] Na verdade, ainda nessa pesquisa, a dra. Lyubomirsky diz que, quando no início pediram às pessoas para se compararem com as outras, "as pessoas felizes não sabiam do que estávamos falando!".[3]

A LEI DA FELICIDADE

Deus fez você único, com dons e habilidades, talentos e energia. Comparar-se com qualquer outra pessoa é como comparar maçãs e laranjas.

Kyle, um médico que superou e realizou muita coisa em sua vida, me disse certo dia como estava desapontado nessa altura de sua carreira. Era bem-sucedido em sua profissão, mas para ele isso não significava nada.

— Sou um perdedor e um fracassado — disse ele. — Eu devia estar muito além do que estou agora.

— De que maneira? — perguntei. Eu achava que a vida dele era excepcionalmente boa.

— Bom, veja o Miller — disse ele, referindo-se a um amigo que também era médico. — Ele se tornou um líder na nossa especialidade com suas publicações, participa de todos os comitês, chefia um departamento na nossa faculdade de medicina, dá palestras em toda parte e presta consultoria às indústrias farmacêuticas. Eu não estou fazendo nada disso.

Era possível sentir seu abatimento enquanto ele falava a respeito do amigo. Eu lhe perguntei:

— Quantas vezes seu pai lhe disse que você era um perdedor, e quantas vezes sua mãe foi contra tudo o que você tentou fazer? E quantas depressões graves, uma com internação no hospital, você teve de superar para conseguir fazer a faculdade de medicina e a residência? E quantas dezenas de milhares de dólares de empréstimos você pagou com seus plantões e seus três empregos? Você colocou tudo isso na equação?

Apesar de todos aqueles desafios na vida, com fé e perseverança ele se tornou um sucesso. Eu achava inacreditável que ele tivesse sobrevivido a tudo aquilo. Já o médico com o qual estava se comparando vinha de um passado estável e não havia ficado deprimido nem um dia da sua vida. Não que ele não tivesse se esforçado muito; ele se esforçou — mas não começou tão longe da linha de partida quanto Kyle. Para mim, as realizações de Kyle eram *muito* maiores que as do Dr. Miller, e eu lhe disse isso. Se ele tivesse tido o mesmo início de seu amigo, não há como dizer o que ele teria feito. Mas não teve, e essa era a realidade.

Instantaneamente, depois que eu lhe apontei isso, eu já podia ver que ele acessava outro compartimento de sua cabeça. Seu humor mudou. Ele disse:

— Uau, nunca havia pensado nisso dessa maneira. Acho que não estou avaliando o todo.

A partir daí, iniciou um processo de apenas olhar para seu próprio trabalho e para sua própria vida, imaginando o que queria fazer e realizar, sem se comparar com mais ninguém. A gratificação, assim como um melhor desempenho, seria uma consequência. E é interessante notar que quando ele entrou em contato com o que realmente desejava buscar em sua área, não tinha nada a ver com as coisas que Miller havia escolhido. Kyle estava muito mais interessado em pesquisar novos tratamentos. Menos notoriedade, mais tempo em laboratório e mais felicidade do que estar em um pódio.

A verdade é que, mesmo se pudéssemos equiparar o passado e as experiências de Miller e Kyle, a comparação ainda assim não seria boa. A razão disso é que eles não teriam os mesmos genes, química cerebral, níveis de hormônio, talentos e dons, temperamento e personalidade. Nunca dá certo comparar as pessoas. Nem mesmo os irmãos têm a mesma origem. Eles vêm de famílias totalmente diferentes, sempre. Um tem uma mãe, um pai e um irmãozinho ou irmãzinha. E o outro tem uma mãe, um pai e um irmão ou uma irmã maior. Famílias totalmente diferentes, mesmo que outros fatores sejam iguais. Além disso, cada um deles tem uma composição genética totalmente diferente. Portanto, as comparações jamais funcionam. Deus sabe disso e nos adverte contra isso.

A VISÃO QUE OS HOMENS TÊM DAS MULHERES

Tantas mulheres se sentem inseguras sobre seu corpo, suas roupas, seus cabelos, sua casa e tudo o mais porque se comparam com as mulheres na televisão e nas revistas, com as celebridades e outros dados com que nossa cultura obcecada pela mídia as bombardeia. Estão sempre lendo as últimas notícias sobre o que é *sexy*, bonito ou *fashion*, e então se sentem desvalorizadas por não se parecerem com a última jovem da capa de alguma revista. Não conseguem sequer desfrutar delas mesmas porque estão sempre criticando o seu estilo ou *status* em relação ao das outras.

Mas os homens não as olham dessa maneira. O que um homem acha atrativo em uma mulher tem pouco a ver com o quanto ela se parece com as modelos das revistas. Tem muito mais a ver com suas características humanas, sua energia e sua personalidade. Tem a ver com o quanto ela está sendo "ela" e não outra pessoa.

As mulheres que estão à vontade consigo mesmas são bem mais atraentes aos homens do que aquelas que estão tentando ficar parecidas com alguém de uma revista.

A VISÃO QUE AS MULHERES TÊM DOS HOMENS

A mesma coisa acontece com os homens. Eles com frequência acham que as mulheres se importam com o dinheiro que eles ganham, com seu *status* ou com outros símbolos de sucesso. Embora a maioria das mulheres queira de fato um homem que tenha um emprego e sustente a casa, a boa mulher não se importa muito com os símbolos externos de poder. Ela se importa muito mais com a força pessoal e interpessoal que um homem traz ao relacionamento. Se ele for confiante, se aproximar dela sem medo, tomar a iniciativa em cuidar das necessidades dela e for seguro de si, será muito atraente a uma mulher. E uma observação para os homens: se ela precisa da maior casa do quarteirão ou de uma Ferrari vermelha, fuja dela.

A LEI DA FELICIDADE

Embora a maioria das mulheres queira de fato um homem que tenha um emprego e sustente a casa, a boa mulher não se importa muito com os símbolos externos de poder.

As pessoas são felizes e atraentes quando são elas mesmas. Deus criou cada um de nós para ser apenas uma pessoa, e para nos julgarmos em relação a nós e apenas a nós. Eis o que diz o apóstolo Paulo, como já vimos:

> *Mas prove cada um o seu labor e,*
> *então, terá motivo de gloriar-se*
> *unicamente em si e não em outro.*[4]

Não há nada de errado em extrair inspiração de outras pessoas. Devemos ser inspirados pelos grandes em muitas áreas, pois eles nos mostram o que pode ser realizado quando nos empenhamos plenamente em trazer nossos dons para nosso trabalho. Mas se você joga golfe e só desfruta do seu dia se fizer um circuito recorde ou se for melhor do que Phil Mickelson, então não vai ter um dia feliz.

O conselho de Deus, assim como o da pesquisa, é simplesmente este: não se compare com os outros. Assuma a sua própria vida, sua própria aparência, seus próprios talentos e seus próprios genes, e use ao máximo o que Deus lhe deu. Se fizer isso, você será melhor e mais feliz.

9

AS PESSOAS FELIZES PENSAM COM CRITÉRIO

FAZIA MUITO TEMPO que Mary queria arrumar um namorado, mas ela não estava conseguindo. Ela era uma pessoa inteligente, divertida e interessante, e por isso parecia que a única razão para a falta de um namorado era a sua estratégia. Seus "padrões de tráfego", como eu os chamo, nunca a colocavam em situações onde ela encontraria muitos homens solteiros. Ela trabalhava em um pequeno escritório de advocacia, ia para casa à noite, fazia pequenas viagens, ia à praia e saía com alguns amigos aos sábados, ia à igreja aos domingos, e só isso. Então, pela minha perspectiva, quando você vê basicamente as mesmas pessoas repetidas vezes, mesmo na igreja, você realmente não consegue se destacar. Eu precisava "tirá-la dali".

Com muita relutância, ela procurou uma agência de encontros. Fiquei bastante animado quando vi que Mary finalmente assumiu o controle dessa parte da sua vida. Ela preencheu um perfil e, pouco tempo depois, recebeu um convite. E, para sua surpresa, quando compareceu ao encontro, gostou dele!

— Realmente me diverti muito — disse ela, com um ar de otimismo pela primeira vez em um longo tempo. Eu estava feliz por ela.

Eu a vi algumas semanas depois e lhe perguntei como estava indo. Podia ver que ela não estava indo bem, pois sua expressão carecia de vida. Eu podia sentir isso.

— Não muito bem — disse ela.

— Está saindo com alguém? — perguntei.

— Sim — respondeu ela.

— O que aconteceu? — perguntei.

— Sabe aquele rapaz de quem gostava? Ele nunca mais me telefonou. Eu disse para você que isso não ia funcionar e que ninguém de quem eu gosto ia querer ficar comigo — disse ela.

O que ela me disse em seguida fez meu coração ficar apertado:

— Tirei meu nome da agência de encontros. Isso não vai funcionar e não quero passar de novo por esse sofrimento.

Na semana seguinte, esbarrei com uma amiga que havia lido o meu livro *How to Get a Date Worth Keeping* [*Como encontrar alguém que valha a pena*] e estava usando o programa apresentado nele. Com 39 anos, ela estava convencida de que encontrar alguém era algo fora de suas possibilidades e basicamente havia desistido de namorar. Mas eu a encorajei a começar a usar o programa e ela também procurou algumas agências e *sites* na Internet. Perguntei-lhe como estava se saindo.

— Fantástico! — disse ela. — Encontrei um homem incrível.

— É mesmo? Isso é maravilhoso! — disse eu. — Fale-me sobre isso.

— Eu o encontrei naquele *site* de encontros que você me indicou — disse ela, empolgada.

— Que legal! E como foi?

— Bem, eu não comecei muito bem — contou ela. — Mas, depois das primeiras rejeições, simplesmente continuei e então conheci Jon.

— Primeiras rejeições? — perguntei.

— É. Mas você sabe como é isso. Você não pode levar para o lado pessoal, e tem que continuar insistindo, pensando: *Ele está em algum lugar, eu apenas tenho que achá-lo*. E achei.

Ela continuou me contando a história, e foi ótimo ouvir como alguém que havia ficado paralisada durante tanto tempo estava se movimentando e obtinha sucesso em uma área da vida que havia sido decepcionante antes. O resultado? Eles se casaram naquele mesmo ano e acabaram de ter o primeiro filho. Estão muito felizes.

A lição dessas duas histórias é uma das mais profundas da vida: elas tinham a mesma experiência, mas uma desistiu e a outra atingiu seu objetivo. A diferença? *Elas pensavam muito diferente.* Uma delas, depois de uma rejeição, começou a pensar negativamente sobre si mesma, sobre namoros e sobre o futuro. A outra, mesmo após várias rejeições, pensou positivamente sobre o processo, não levou as rejeições para o lado pessoal e acreditou no futuro. O resultado foi que o seu pensamento produziu a realidade pela qual ela estava ansiando, enquanto o pensamento da outra mulher produziu a realidade que ela temia.

Isso é mais do que a antiga "profecia que se autorrealiza". É o desígnio de Deus. Deus nos conectou para negociarmos a vida com base em nossos padrões de pensamento. É um pouco parecido com o dispositivo do GPS de seu carro. Quando você está ponderando sobre o que fazer a seguir, o *software* interno lhe diz exatamente o que fazer. Mas e se o *software* tiver sido escrito com um código ruim? Se, quando você estivesse pronto para ir a algum lugar, ele dissesse coisas como "Esqueça, dê marcha a ré no carro. Você nunca vai chegar lá. É muito difícil. Tem trânsito demais. Você não sabe dirigir mesmo, e se for lá as pessoas que vai encontrar não vão gostar de você. Estacione seu carro imediatamente antes que bata em alguém."? Provavelmente você não conseguiria fazer uma boa viagem, mesmo que quisesse.

A realidade é que todos os dias as pessoas felizes pensam coisas que as ajudam a ser felizes, e com as pessoas infelizes acontece o oposto. Essa é uma das realidades mais documentadas de toda a pesquisa psicológica: nosso pensamento afeta nosso humor, nossos níveis de ansiedade, desempenho e bem-estar. Por quê? Porque nossos pensamentos e sistemas de crença foram destinados por Deus a fazer exatamente isso. Eles literalmente orientam nossa vida em uma direção, assim como o *software* faz com um computador. Por isso Deus disse que nos deu Suas leis, "para o nosso perpétuo bem, para nos guardar em vida, como tem feito até hoje".[1] Se o *software* que executa nossa vida é a própria lei Daquele que planejou tudo, então estamos seguindo nossa vida da maneira que funciona. Direto da mente do Planejador.

A LEI DA FELICIDADE

Todos os dias, as pessoas felizes pensam coisas que as ajudam a ser felizes; e com as pessoas infelizes acontece o oposto.

Foi isso que aconteceu com a segunda mulher do nosso exemplo. Ela não acreditou nas mentiras que passaram pela cabeça da primeira mulher, como: "Você não é desejada. O futuro é sem esperança. Você não consegue lidar com isso". Em vez disso, sua mente foi programada com verdades de Deus, como: "Você é minha criatura e nada pode separá-lo do meu amor – nem mesmo a rejeição".[2] Ou: "Tudo posso naquele que me fortalece".[3] Ou ainda: "Não será frustrada a tua esperança".[4] Seu *software* lhe disse para ir em frente e que Deus estaria com ela.

Ela havia passado muito tempo trabalhando nos sistemas de crença que guiavam sua vida e seu pensamento. O resultado dos esforços dela foi que os acontecimentos individuais não tinham poder sobre ela, mas ela tinha poder sobre eles. A força do seu pensamento é muito mais poderosa do que qualquer coisa que aconteça com você. As pessoas bem-sucedidas e felizes não são superadas por suas circunstâncias, perdas, reveses ou outros acontecimentos. Em vez disso, elas os superam pensando nas maneiras que Deus nos disse para pensarmos —

maneiras que geram esperança, fé e amor. As coisas que a Bíblia nos promete "não nos deixa decepcionados".[5]

Observe seus pensamentos

A pesquisa mostra que o que a Bíblia diz é exatamente a verdade. Se quiser descobrir o desejo de Deus para você, precisa ter seu pensamento "transformado". Eis como a Bíblia diz isso:

> *E não vos conformeis com este século, mas transformai-vos pela renovação da vossa mente, para que experimenteis qual seja a boa, agradável e perfeita vontade de Deus.*[6]

Para ter nosso pensamento "transformado", devemos primeiro observá-lo e ver onde ele está "desligado", onde pode ter ficado "conformado com os padrões deste mundo". Este mundo, com frequência negativo e pernicioso, pode nos ensinar a acreditar em algumas das coisas que a primeira mulher acreditava, como: "Você não é desejável e ninguém jamais vai querê-la". Alguns relacionamentos importantes no passado dela programaram sua mente para pensar assim, e ela precisava ter esses sistemas de crença transformados para ter tudo o que Deus lhe havia destinado. Tenho toda a confiança de que ela pode fazer isso. Mas, para isso, precisa tomar consciência da verdade sobre seus pensamentos, que eles são mentiras e vieram deste mundo e não das "maneiras de Deus". A Bíblia coloca assim:

> *Porque as armas da nossa milícia não são carnais, e sim poderosas em Deus, para destruir fortalezas, destruindo os conselhos e toda altivez que se levante contra o conhecimento de Deus, e levando cativo todo pensamento à obediência de Cristo.*[7]

Às vezes dá trabalho alinhar nossos pensamentos com a maneira que Deus nos diz para pensar e acreditar, mas é isso exatamente o que o versículo nos diz, para sermos "transformados pela renovação da nossa mente". Mas o esforço com certeza vale a pena.

Que tipos de pensamento necessitamos transformar? Há inúmeras maneiras frágeis de pensar. Mas algumas dicas são úteis para sua felicidade.

Evite o pensamento radical

Trate os acontecimentos como eles são: eventos isolados. E daí se você fracassar em alguma coisa? Todo mundo que é bem-sucedido fracassou alguma vez na vida. A pessoa simplesmente viu que o fracasso foi um evento isolado e tentou de novo. Os perdedores veem o fracasso e pensam: *Eu fracasso em tudo*. Eles queimam o arroz e dizem: "Todo o jantar está arruinado". E falam coisas como: "Nunca faço nada direito" ou "Sempre faço isso errado". O pensamento radical e a felicidade raramente residem na mesma cabeça.

A LEI DA FELICIDADE

O pensamento radical e a felicidade raramente residem na mesma cabeça.

E se você não atingiu determinado padrão moral, não se considere "totalmente ruim". Deus diz que não há uma pessoa virtuosa que jamais tenha pecado.[8] Quando você comete um erro, aceite o perdão de Deus e vá em frente.

Cuidado com os pensamentos negativos

Os pensamentos negativos têm poder. Todo mundo os tem, mas as pessoas felizes os deixam voar como um passarinho em vez de pegá-los e convidá-los para ficarem se movendo e construindo ninhos dentro de sua cabeça. Já as pessoas infelizes se agarram aos pensamentos negativos e os tratam como se eles fossem uma realidade. Elas permitem que esses pensamentos ditem suas ações. Mas, lembre-se, eles são apenas pensamentos.

Não os agarre, não se ligue a eles nem deixe que tenham qualquer poder. Simplesmente os deixe ir embora e não pense neles, pois são apenas pensamentos. Uma das técnicas mais pesquisadas e comprovadas de mudanças de humor é contrapor seus pensamentos negativos com a verdade e com pensamentos positivos. Uma maneira de fazer isso é refutar os pensamentos negativos com o que Deus diz. Se um pensamento diz que você é um perdedor, confronte-o com a verdade da palavra de Deus: "Não sou um perdedor. Sou um filho de Deus, amado por ele e a quem ele prometeu um futuro e uma esperança".

Evite os pensamentos catastróficos

Pensamento catastrófico é quando vemos algo como terrível quando ele não tem de ser visto dessa maneira: "Se eu não conseguir este emprego, minha vida está arruinada"; "Se ele não gostar de mim, jamais vou encontrar alguém como ele de novo". Na verdade, há poucas catástrofes na vida, e, mesmo quando nos deparamos com elas, podemos enfrentá-las pela fé. Mas a maior parte do tempo as catástrofes só são catástrofes em nossa cabeça.

"Se eu fracassar nisso, jamais serei capaz de enfrentar meus amigos." "Será terrível se ..." Será mesmo? É assim tão terrível? Esses tipos de avaliações extremadas das ocorrências normais tornam as pessoas incapazes de negociar os altos e baixos da vida e continuar felizes. Assumir riscos é, para elas, algo quase impossível, pois dizem a si mesmas: *Seria horrível se isto não funcionasse.* As pessoas felizes enxergam essas ocorrências como parte da vida e dizem: *Bem, isso foi uma droga. Vamos ver o que eu posso fazer agora.* Elas sacodem a poeira e vão em frente.

Lembre-se: embora haja certamente algumas ocorrências terríveis na vida, no programa de Deus sempre há redenção e um futuro. Sempre. Com Ele em sua vida, você não tem de temer o que possa ou não acontecer, pois Ele estará a seu lado para ajudá-lo a atravessar as situações ruins e chegar ao outro lado.

Não generalize de um caso para todos

Às vezes as pessoas pegam um acontecimento ruim e fazem uma generalização ampla demais. Por exemplo, se tiveram um relacionamento ruim, podem acreditar em coisas como: "Todos os homens (ou mulheres) são assim" ou "Todo parceiro está acostumado a usar você e não se importa". Quando você faz isso, isso o fecha a toda a bondade que Deus tem para você. A Bíblia diz que Deus tem "toda boa dádiva e todo dom perfeito"[9] para você, mas se você generalizar com base em algumas experiências ou pessoas ruins, jamais estará aberto a tudo o que Ele tem para você e para sua vida.

O mesmo é verdade com relação a você e a seu desempenho. Mesmo que tenha fracassado algumas vezes, não pense que isso acontecerá em todos os seus desempenhos futuros. Tony Blair me contou que, na primeira vez que concorreu a um cargo, só meia dúzia de pessoas apareceu nos seus primeiros pronunciamentos, e foi um desempenho horrível. Mas disse que superar o fracasso era uma das lições mais importantes que um líder podia aprender. Se ele tivesse generalizado a partir daí, jamais teria se tornado primeiro-ministro.

Veja os dois lados

A realidade é que toda pessoa experimenta o bem e o mal. Deus nos promete isso. Jesus disse que teríamos aflições neste mundo,[10] e por isso não deveríamos nos surpreender com elas. Mas as pessoas infelizes tendem a bloquear o positivo de muitas situações e a enxergar apenas o negativo — sobre si mesmas, sobre os outros e sobre as experiências.

As pessoas felizes não permitem que o negativo arruíne as coisas para elas. Enxergam o lado ruim das situações, mas ainda são capazes de amar e valorizar os aspectos positivos. Não permitem que as imperfeições lhes arruínem as coisas. As pessoas felizes não são perfeccionistas incapazes de desfrutar de algo que é menos que perfeito. As pessoas felizes são aquelas que o são mesmo quando há falhas, equívocos e erros. Mesmo que o bolo desmorone, a festa ainda pode ser um sucesso. A escola ainda pode ser maravilhosa para seus filhos mesmo que eles não gostem do professor ou do treinador de futebol. Não deixe que as pequenas coisas que *sempre* estarão ali arruínem a sua experiência.

A LEI DA FELICIDADE

As pessoas felizes são aquelas que estão felizes mesmo quando há falhas, equívocos e erros.

DEUS É MAIOR DO QUE O NEGATIVO

Lembre-se, Deus nos disse que vivemos em um mundo que sempre terá imperfeições. Mas Ele é maior do que o negativo e quer que você ainda desfrute de todo o bem que existe aqui. Agarre a Sua mão e faça o que Ele faz. Ele permanece envolvido e consegue extrair o bem de tudo, até mesmo do negativo.

> *Sabemos que todas as coisas cooperam para o bem daqueles que amam a Deus, daqueles que são chamados segundo o seu propósito.*[11]

Observe o seu pensamento e não permita que o negativo o derrube. Se fizer isso, será uma pessoa muito mais feliz. Arme-se desta promessa: "E não vos conformeis com este século, mas transformai-vos pela renovação da vossa mente, para que experimenteis qual seja a boa, agradável e perfeita vontade de Deus".[12] Deixe cativos todos os seus pensamentos[13] e "pense com critério".

10

AS PESSOAS FELIZES SÃO GRATAS

EU ESTAVA ALMOÇANDO com um amigo que não via há algum tempo, apenas para pôr a conversa em dia. Alguém me contou que ele estava mudando de emprego, mas não sabia muitos detalhes a respeito, e eu queria saber de tudo o que estava acontecendo na vida dele. Ele era um figurão da indústria de entretenimento e fora presidente de uma grande companhia. Eu me perguntava por que ele havia deixado uma posição tão fantástica para fazer algo novo. *O novo emprego deve ser realmente interessante,* pensei.

Entretanto, o que descobri me chocou: ele havia sido demitido. Eu não podia acreditar naquilo, pois ele era adorado por todos na indústria e conseguira resultados incríveis ao longo dos anos. Não havia como ele ter sido despedido, mas era verdade.

— O que aconteceu? — perguntei.

— Houve uma mudança na administração, e o novo presidente da matriz chegou e queria trocar os cargos, fazer mudanças como com frequência fazem por quaisquer razões que sejam. Suponho que ele achou que fazer uma mudança na nossa companhia seria bom para o mercado de ações, da mesma maneira que estava mudando tudo, e então fui demitido — explicou ele.

— Incrível... Há quanto tempo você estava lá? — perguntei, sabendo que fazia muito tempo, mas não sabia com certeza o número exato de anos.

— Vinte e um anos — disse ele. — Comecei na famosa sala de correspondências e cavei meu caminho até meu último cargo. Realmente sempre pensei que passaria toda a minha carreira lá, mas as coisas não funcionaram assim.

— Então, para onde você foi? — perguntei.

— Pra lugar nenhum, ainda — respondeu ele. — Estou desempregado.

— O quê? — perguntei. — Como pode ser? Você é um dos astros da sua área.

— É, acho que sim. Mas não apareceu nada ainda que valesse a pena. Estou conversando com muita gente, mas não sei ainda o que vou fazer — prosseguiu ele.

Eu sabia que, depois de mais de vinte anos, ser demitido e não encontrar imediatamente algo novo podia causar grandes danos à sua vida. Não tinha certeza de qual seria a resposta, mas perguntei:

— E então... como você está? — Na verdade, na pesquisa da felicidade, perder um emprego é em geral um dos maiores golpes circunstanciais no bem-estar das pessoas.

— Pergunta interessante — disse ele. — Eu estou ótimo, o que é surpreendente, até mesmo pra mim.

— O que você quer dizer com isso? — perguntei. Tenho visto muitas pessoas que perderam o emprego, e ele parecia estar melhor do que eu imaginava. Eu podia perceber a sensação de bem-estar em seu espírito.

— Vou lhe contar uma história — disse ele. — Neste tempo em que não estou trabalhando, uma das coisas que decidi fazer foi treinar para participar de uma maratona. Há muito tempo venho querendo fazer isso. Com o meu trabalho, nunca tive tempo para treinar e fazer isso direito, e por isso imaginei que esta poderia ser minha única chance. Então, é o que estou fazendo. No último fim de semana, eu estava caminhando na direção da linha de partida e, de repente, meus olhos se encheram de lágrimas. Eu entendi uma coisa... sou muito afortunado!

— O que quer dizer com isso?

— Comecei a me sentir tão grato por tantas coisas; para começar, por estar suficientemente saudável para entrar em uma corrida. Por minha família e meus amigos, e pelas experiências de trabalho que adquiri na companhia durante tanto tempo. E, ao perceber isso... até me senti agradecido por ter sido demitido, pois isso me deu a oportunidade de finalmente participar de uma corrida! É estranho. Essa é uma maneira doente de pensar, doutor? — riu ele. — Estou em processo de negação?

— Não, você não está — disse eu. — Na verdade, está exatamente de acordo com a maneira como isso deve funcionar.

Ele me perguntou o que eu queria dizer, e prossegui lhe contando sobre todas as pesquisas que foram realizadas na última década, e que uma das descobertas mais poderosas, repetidas vezes comprovada, é o seguinte: *as pessoas gratas são pessoas felizes*. As pessoas que são gratas e praticam regularmente a gratidão têm níveis de felicidade significativamente diferentes daquelas que não o são. E esta é uma das mensagens mais fortes que Deus nos repete sempre: seja grato.

Em tudo dai graças, porque esta é a vontade de Deus em Cristo Jesus para convosco.[1]

A Bíblia nos diz o tempo todo para sermos pessoas gratas e não escondermos nossa gratidão secretamente em nossos corações. Devemos expressá-la, a Deus e aos outros.

> *Para que o meu espírito te cante louvores e não se cale. Senhor, Deus meu, graças te darei para sempre.*[2]

> *Dar-te-ei graças na grande congregação, louvar-te-ei no meio da multidão poderosa.*[3]

E a pesquisa concorda com isso. Quando somos gratos, e também quando expressamos nossa gratidão aos outros, ficamos mais felizes. As pessoas que expressam gratidão são não apenas mais felizes, mas também têm mais energia e melhores perspectivas para o futuro; são até fisicamente mais saudáveis, tendo menos indisposições físicas do que aquelas que não expressam gratidão. Têm também menos transtornos psicológicos. Além disso, mostram mais habilidades relacionais e são menos invejosas e menos materialistas. Esse parece o tipo de pessoa que você quer ter perto de si, não?

A boa notícia é que você pode aprender a expressar gratidão e fazer que ela desempenhe um papel maior na sua vida, com resultados positivos. Os experimentos e a experiência clínica têm mostrado que, quando se dá às pessoas exercícios de gratidão estruturados — como anotar as coisas na vida pelas quais são gratas, manter um diário da gratidão ou telefonar e visitar as pessoas para expressar sua gratidão —, elas se tornam mais felizes ao praticarem essas atividades.[4] Este é apenas mais um exemplo de que seguir a lei de Deus é o mesmo que seguir a lei da felicidade. De fato, Deus literalmente programou nosso cérebro e nosso corpo para reagir, despertar e ter um melhor desempenho ao realizar determinadas atividades. Quando agradecemos, nossa química age de maneira positiva; o oposto de quando sentimos inveja ou ressentimentos. Assim, como qualquer pai ou mãe, Deus nos diz para fazer as coisas que são boas para nós. É um equivalente de: "Coma legumes. Eles fazem bem para você".

Eu faço isso como pai — não apenas digo às minhas meninas para comerem legumes, mas também lhes digo para serem gratas. E faço isso como um pai psicólogo por razões técnicas. Toda noite, quando rezo com elas na hora de dormir, grande parte da oração é concentrada em agradecer pelos vários elementos desse dia ou pela vida delas. Meu propósito é que elas desenvolvam um coração e uma mente agradecidos, pois sei que elas serão pessoas muito melhores e mais felizes se assim o fizerem. Quero que essa seja uma maneira natural de pensar para elas. Essa é a minha tarefa como pai, e acho que é por isso que Deus diz a Seus filhos para fazerem o mesmo. Ele certamente gosta de ouvir que Lhe somos gratos por tudo o que Ele faz por nós. Mas, ao mesmo tempo, como Ele nos ama, também quer que sejamos o mais saudáveis e felizes possível, e nos dizer para sermos gratos em vez de ressentidos e invejosos é parte da orientação de Deus como Pai.

Em todas as circunstâncias

Se você reler o primeiro versículo apresentado pouco antes, vai perceber que ele não nos diz apenas para agradecer. Ele nos diz para agradecer "em tudo", em todas as circunstâncias. Isso também é importante de um ponto de vista científico.

Em primeiro lugar, isso está alinhado com as descobertas de pesquisa que apontamos previamente: apenas 10% da nossa felicidade vem das nossas circunstâncias externas. Então, não importa em que circunstâncias nos encontremos, precisamos praticar a gratidão para preencher a lacuna. Mesmo que as coisas sejam boas, podemos ser vulneráveis à infelicidade. Essa é uma razão por que você pode encontrar pessoas infelizes na melhor das circunstâncias. Seu mundo interno não está em boa forma, ainda que elas possam se encontrar em uma "vida boa". A gratidão pode ajudar a deslocar esse mundo interno para a direção certa.

Em segundo lugar, isso nos impede de "dividir" (*splitting*). O *splitting* é um mecanismo psicológico que ocorre quando entramos em padrões de pensamento que transformam o mundo, nós mesmos ou os outros em "totalmente bons" ou "totalmente ruins". Quando as circunstâncias não são das melhores e passamos por uma decepção ou um infortúnio, dar graças pode estabilizar nosso humor e nossa sensação de bem-estar. Impede-nos de transformar essa experiência no "todo", enxergando assim a vida como "ruim". Meu amigo que foi demitido é um ótimo exemplo disso. Ele está desempregado e está bem.

Vi muitos exemplos disso após a quebra de 2008 e 2009 de Wall Street. Trabalhando como consultor de liderança de muitas empresas que foram drasticamente afetadas pelo revés econômico, encontrei algumas pessoas que estavam devastadas pelas circunstâncias e algumas que estavam na verdade prosperando. Lembro-me de um homem em particular que fez a transição de devastado para próspero como resultado da prática da gratidão.

Ele fazia parte do setor de vendas, e as coisas estavam realmente ruins em seu setor. Mas quando entrei na empresa para estudar o desempenho e encontrar maneiras de ajudá-los a aumentar as vendas, ele se destacou por ter um de seus melhores anos na empresa, mesmo durante o revés. Eu lhe perguntei como estava conseguindo isso.

O que ele me disse foi que ficou infeliz e quase em "posição fetal" nos primeiros meses após a quebra. Estava, de fato, saindo-se mal, apenas ia trabalhar e ficava "parado olhando para a tela do computador", como ele disse. Paralisado.

Mas então ele leu em algum lugar que a gratidão seria uma boa estratégia. Em suas próprias palavras:

— Então comprei um livro e coloquei nele fotos das pessoas na minha vida às quais eu sou mais grato. E fiz uma lista de todas as coisas pelas quais sou grato e escrevi também no livro. Todos os dias, ao longo do dia, eu abria o livro e simplesmente meditava sobre as pessoas e sobre as bênçãos que recebi. Então, ao voltar para casa, antes de cruzar a ponte para pegar a via expressa, paro o carro e simplesmente entro na minha disposição de agradecer. Isso me ajuda a deixar tudo para trás e me modifica. O que descobri foi que sou realmente afortunado, e sou grato de verdade. Quando entrava nessa disposição, readquiria minha energia e minha direção. Meu cérebro começava a trabalhar de novo, eu saía para visitar os clientes, fechava alguns negócios e também fazia alguns novos. Tudo se modificou e, no meio de todo o tumulto, tive o melhor ano da minha vida — disse ele.

Eu me lembrei de novo daquele versículo: em tudo, em todas as circunstâncias, agradeça. Bom conselho de Deus. Quando nosso *splitting* é superado, nós permanecemos envolvidos e temos um melhor desempenho. Mas não só isso — nós também nos sentimos melhor. Concentramo-nos no que é bom e não deixamos o ruim tomar conta de nós. A velha máxima "bem, poderia ser pior. Pelo menos..." é um remédio cientificamente bom — para sua mente e para seu corpo.

Em terceiro lugar, agradecer solidifica seu caráter para você se tornar o tipo de pessoa que vai ser feliz mais tarde, não importa o que aconteça em suas circunstâncias. Lembre-se, somente 10% estão relacionados ao que se passa à sua volta. O resto tem a ver com quem você é e com o que faz. A vida tem sempre altos e baixos e você não pode depender das circunstâncias para ser feliz. Não é o que está acontecendo em sua volta que vai ser o combustível para como você se sente, mas sim seu relacionamento com Deus, seus relacionamentos com os outros e suas práticas de vida.

No revés econômico dos últimos anos, é triste ver que essa verdade persiste. Algumas pessoas muito devastadas pelos acontecimentos ficaram totalmente desconectadas. Mas, felizmente, outras estão prosperando, ainda que suas carteiras não estejam. Elas estão de pé em terra firme, praticando as "maneiras de Deus". Para nos lembrarmos do que disse Jesus,

> *Todo aquele, pois, que ouve estas minhas palavras e as pratica será comparado a um homem prudente que edificou a sua casa sobre a rocha; e caiu a chuva, transbordaram os rios, sopraram os ventos e deram com ímpeto contra aquela casa, que não caiu, porque fora edificada sobre a rocha. E todo aquele que ouve estas minhas palavras e não as pratica será comparado a um homem insensato que edificou a sua casa sobre a areia; e caiu a chuva, transbordaram os rios, sopraram os ventos e deram com ímpeto contra aquela casa, e ela desabou, sendo grande a sua ruína.*[5]

Não importa o que esteja acontecendo em nossas circunstâncias, as palavras de Deus sobre a gratidão podem nos deixar mais fortes, mesmo nas mais fortes tempestades. Tenho uma amiga que perdeu o marido sob circunstâncias trágicas. Foi um acontecimento devastador para ela e para seus três filhos pequenos, e seguir em frente foi muito difícil.

Mas, na sequência, enquanto foi se recuperando não muito depois da morte dele, ela enfrentou tudo excepcionalmente bem. Estávamos conversando e eu disse que não conseguia imaginar como ela era capaz de funcionar tão bem depois de tudo o que havia acontecido. Ela me surpreendeu quando disse:

— Foi terrível. Não consigo lhe dizer como tem sido ruim. Mas sou tão grata por tantas coisas. Minha família, meus amigos e a igreja têm sido tão maravilhosos comigo. Eles têm estado sempre presentes e me animado o tempo todo. Não posso imaginar como seria enfrentar tudo isso sem eles. Eu me sinto muito, muito abençoada.

Mesmo enfrentando a perda do marido, seu caráter agradecido a estimulava, capacitando-a a seguir em frente. Junto com o apoio que recebia (lembre-se do Capítulo 7), sua sensação de estar sendo abençoada mesmo em meio a essa circunstância ajudava-a muito a seguir em frente.

A VIDA É AMOR, ASSIM COMO A GRATIDÃO

A gratidão também nos coloca diretamente no centro do caminho que a vida designou: amor e relacionamento. Fomos destinados a ser seres relacionais, e funcionamos melhor em todas as áreas da vida quando estamos fortemente ligados "no relacionamento". A gratidão nos leva lá.

Não faz muito tempo, eu estava jantando em Chicago com alguém bastante conhecido nessa região. Quando a conta chegou, o garçom nos disse:

— Já está paga.

— Por quem? — perguntamos. — Quem pagou a nossa conta?

— Eles querem permanecer anônimos. Simplesmente pagaram a conta e disseram para vocês "desfrutarem do jantar" — disse ele.

— Mas... quem? Nós gostaríamos de agradecer a ele ou a ela. — Quem é? — insistimos.

— Lamento — disse ele. — Não posso dizer. Apenas desfrutem!

E com isso ele se afastou. E nós desfrutamos do jantar, mais ainda do que já havíamos desfrutado, pois agora se tratava de um presente. Que bênção inesperada. Exceto por uma coisa... nós fomos deixados de certa forma em suspense. Eu senti um certo "mas... mas... quem?" querendo continuar a sair do meu coração. "Quem fez isto por mim? Eu queria agradecer! Diga-me!". Era como se a plena bênção do presente não pudesse ser vivenciada sem a peça perdida de saber a quem agradecer. Isso deixou uma sensação feliz, mas ligeiramente incompleta, quase vazia.

Eu pensei: *Imagino que isso é como vivenciar as boas coisas da vida e não ter um relacionamento com Deus.* Você olha para um pôr do sol ou aprecia um dia bonito ou o rosto de uma criança, e pronto. O que faz com a parte de você que se sente grata por esse momento maravilhoso? Com quem você se comunica? A quem agradece? Você simplesmente se sente "afortunado"? Eu fui grato naquele momento por Deus estar ali não só para nos dar presentes e bênçãos, mas também para podermos Lhe agradecer. Isso completa a vida e nos coloca em um relacionamento de amor quando olhamos para Ele e dizemos "Obrigado".

Da mesma maneira, dizer "obrigado" para outras pessoas por o que quer que elas tenham lhe dado provoca a mesma sensação. Você tem o presente, mas agradecer a dádiva completa o círculo e a experiência da própria doação. Ser capaz de dizer "obrigado" para alguém pelo que ele lhe fez ou lhe deu, por ter sido um exemplo para você ou apenas por quem ele é na sua vida é um presente maravilhoso por si só, melhor até do que o presente que ele possa ter lhe dado. Dizer "obrigado" vai abençoar você e deixá-lo se sentindo feliz e pleno. Ser grato e expressar agradecimento a alguém o coloca no centro do caminho que a vida lhe destinou: no relacionamento. Isso o vincula à pessoa de uma maneira mais profunda e solidifica a conexão.

Então, faça isso. Em primeiro lugar, tenha sentimentos de gratidão. Eles preencherão a sua alma, criarão sentimentos felizes e aumentarão sua sensação de bem-estar.

Em segundo lugar, verbalize sua gratidão. Escreva-a. Depois diga-as em voz alta. Mantenha um diário da gratidão. A pesquisa mostra que o próprio fato de ter um diário da gratidão já vai melhorar o seu humor e ajudá-lo a se sentir menos deprimido. A felicidade acompanha a gratidão.

Em terceiro lugar, diga essas palavras a Deus e às outras pessoas. Diga-lhes o quanto você lhes é agradecido pelo que recebe delas e da vida. Visite um professor da sua juventude e lhe agradeça pelo que ele fez na sua vida. Pegue o telefone e ligue para um amigo e diga-lhe como você lhe é agradecido. Diga o mesmo aos seus funcionários, colegas ou chefe. Torne a prática de expressar a gratidão algo que você consistentemente incorporou na sua vida. As pessoas a quem você agradece serão abençoadas e se sentirão apreciadas, e você também vai se sentir mais rico.

11

AS PESSOAS FELIZES TÊM LIMITES

É A MAIS pura verdade. Se você não permitir que as pessoas o controlem, abusem de você ou o maltratem, você vai ser mais feliz. A pesquisa comprova isso, e a Bíblia nos diz o mesmo. Mas precisamos que cientistas ou Deus nos digam isso? Bem, talvez.

A razão de eu abordar isso é que as pessoas que sofrem maus-tratos nas mãos de outras com frequência não percebem que elas estão *permitindo* que isso aconteça. Elas não entendem que poderiam ter controle sobre sua própria felicidade se parassem de permitir maus-tratos feitos por outra pessoa. Em suma, não entendem que não têm bons *limites*.

Elas acham que estão de algum modo condenadas a ser infelizes por causa da outra pessoa, ou que só serão felizes se aquela outra pessoa de algum modo se modificar. No entanto, a verdade surpreendente é exatamente o oposto. Elas serão felizes não quando a outra pessoa se modificar, mas quando elas assumirem o controle de si.

— Como se lida com uma pessoa controladora? — perguntou uma mulher da plateia em um seminário que eu estava conduzindo.

— O que você quer dizer com "pessoa controladora"? — perguntei.

— Ah, você sabe... Aquele tipo que sempre quer tudo do seu jeito ou é crítico de tudo e coloca você para baixo — disse ela. — Esse tipo de pessoa. O que você faz com ela?

— Você a converte — disse eu.

— Como? A pessoa de quem eu estou falando não tem interesse em Deus — disse ela. — Como eu iria convertê-la?

— Eu não disse para convertê-la para Deus — respondi. — Quis dizer convertê-la para deixar de ser uma pessoa controladora e torná-la uma pessoa frustrada.

— O que você quer dizer com isso? — perguntou ela.

A diferença entre controlador e frustrado

— Pense bem. Na verdade, não existe essa coisa de pessoa controladora. Você só descreve essa pessoa como controladora porque você aceita fazer tudo da maneira que ela quer, ou você de algum modo aceita a crítica dela. Então, quando você cede, sente-se controlada e a chama de controladora. Então, minha sugestão é que você a transforme em uma pessoa frustrada em vez de controladora dando um passo simples: *pare de ceder*. Se você não ceder às exigências ou manipulações dela, ela não será mais "controladora"', será? Em vez disso, ficará *frustrada*. Ficará frustrada por você não ceder, mas não vai mais controlar nada nesse momento, vai? Simplesmente diga não, e o problema será resolvido — disse eu. — Depois, solidarize com ela e diga: "Sinto muito se você fica frustrada por eu não fazer isso por você. Eu entendo". É bom solidarizar com alguém que está frustrado, mas é destrutivo ceder a alguém que está tentando controlá-la.

Era possível ver as luzinhas acendendo na cabeça dela. Ela estava tão condicionada a fazer qualquer coisa que os outros quisessem ou a sentir que tinha de se sujeitar às suas humilhações ou constantes críticas que nunca lhe ocorrera como essas outras pessoas não tinham de fato nenhum poder nem controle sobre nada. Ela é que tem o controle de si mesma e do que vai ou não vai fazer, e daquilo a que vai ou não se sujeitar.

Mas, neste momento, deixe-me dar algumas advertências: em alguns casos, você pode estar de fato lidando com alguém que seja fisicamente violento, e, se for esse o caso, ou houver qualquer possibilidade disso, então não imponha limites diretos sobre ele se isso lhe gerar riscos. Procure um abrigo ou consiga a ajuda de outras pessoas. Sua segurança é sua principal preocupação.

Mais tarde, a mulher do seminário entrou em contato comigo e disse que havia "conseguido", e desde que colocou em ação limites melhores, toda a sua vida mudou. É óbvio que isso não aconteceu como resultado de uma conversa em um seminário, pois ela tinha muito trabalho a fazer. Juntou-se a um grupo de apoio e recrutou a ajuda de um bom conselheiro. Mas o que o seminário fez por ela foi despertá-la do estado de se sentir impotente diante da disfunção de outra pessoa.

Essa é uma das lições mais poderosas a serem aprendidas se você quiser ser mais feliz. Os psicólogos sabem há muito tempo que as pessoas felizes têm algo chamado de "lócus interno de controle", o que significa que elas entendem que são controladas por si e não pelos outros ou por suas circunstâncias. Em relação aos limites, isso significa que você não deve permitir que o controle, a manipulação, a irresponsabilidade ou mesmo o abuso de outra pessoa tome conta da sua vida. Ter limites, na verdade, significa que você deu um passo à frente e estabeleceu limites sobre o que você vai ou não vai permitir em sua vida.

A LEI DA FELICIDADE

Ter limites significa que você estabeleceu limites sobre o que vai ou não vai permitir na sua vida.

A Bíblia tem algumas coisas a dizer sobre montar guardas na nossa vida. "Sobre tudo o que se deve guardar, guarda o coração, porque dele procedem as fontes da vida."[1] Em outro lugar, diz: "Espinhos e laços há no caminho do perverso; o que guarda a sua alma retira-se para longe deles".[2]

Limites saudáveis protegem seu coração, sua mente, sua alma e sua energia.[3] Quando você estabelece limites adequados em torno do seu coração, não estará tentado a agir mal com os outros e não se tornará vulnerável às más ações contra você. Se você não se proteger, os predadores e os assassinos da felicidade vão invadir seu território e, certamente, diminuir a sua felicidade, se não coisa pior.

ASSUMA O CONTROLE DO SEU CORAÇÃO

Quando seu coração está certo, sua sensação de bem-estar ou de felicidade aumenta. Por isso, para aumentar sua felicidade, dê uma olhada em como você está ou não protegendo seu coração. Você está permitindo que alguém "roube sua felicidade?" Há uma pessoa ou pessoas que são capazes de manipulá-lo ou "fazerem você se sentir mal"? Há alguém que está ativamente o magoando de alguma maneira? Se houver, recupere o controle, e não permita que as pessoas voltem a magoá-lo. Observe a maneira como Davi, nos Salmos, listou seus limites, referindo-se aos tipos de comportamento aos quais ele não cederia:

> *Não porei coisa injusta diante dos meus olhos; aborreço o proceder dos que se desviam; nada disto se me pegará.*
> *Longe de mim o coração perverso; não quero conhecer o mal.*
> *Ao que às ocultas calunia o próximo, a esse destruirei; o que tem olhar altivo e coração soberbo, não o suportarei.*
> *Os meus olhos procurarão os fiéis da terra, para que habitem comigo; o que anda em reto caminho, esse me servirá.*
> *Não há de ficar em minha casa o que usa de fraude; o que profere mentiras não permanecerá ante os meus olhos.*
> *Manhã após manhã, destruirei todos os ímpios da terra, para limpar a cidade do SENHOR dos que praticam a iniquidade.*[4]

Considere esta questão. Olhe para trás na sua vida e pergunte a si mesmo: como minha vida seria diferente se eu tivesse os mesmos limites que Davi? Veja abaixo como pode ficar a sua lista:

- Não porei "coisa injusta" diante dos meus olhos.
- Não confiarei em pessoas infiéis, que se desviam.
- Permanecerei distante de qualquer um que perverta qualquer coisa boa.
- Evitarei os difamadores.
- Não cederei à arrogância ou à crítica arrogante das pessoas.
- Não confiarei nem ficarei perto de pessoas que mentem.
- Escolherei pessoas boas e fiéis para ser próximos a mim ou para morar comigo.
- Tornarei uma prática diária estabelecer meus limites contra os maus.

Na maioria das vezes, quando pergunto às pessoas como a vida delas seria diferente se tivessem os mesmos limites que Davi, posso ver pela expressão delas que muito sofrimento poderia ter sido evitado com bons limites.

Análise do desempenho

Mas você pode estar pensando: *Não é tão simples manter limites saudáveis. Há pessoas no mundo que nos magoam ou colocam a tentação diante de nós, e nem sempre conseguimos reconhecê-las de início.* Isso é verdade. Mas também é verdade que as pessoas com bons limites rapidamente lidam com as infrações e não cedem a padrões repetidos de comportamento destrutivo ou irresponsável. Elas cortam o relacionamento ou o comportamento pela raiz e o enfrentam, dando uma escolha à pessoa: ou ela para com o comportamento ou vai acabar enfrentando algum tipo de consequência — por exemplo, você não vai mais ficar ao lado dela.

A LEI DA FELICIDADE

As pessoas com bons limites rapidamente lidam com as infrações e não cedem a padrões repetidos de comportamento deletério ou irresponsável.

Shelly era uma talentosa agente da área de entretenimento e supervisionava a carreira dos atores no cinema e na televisão. Nós nos conhecemos depois de uma entrevista que dei para a mídia e ocorreu de naquele momento ela estar no estúdio. Depois de ouvir minha entrevista sobre limites, ela se aproximou, se apresentou e perguntou se poderíamos almoçar juntos. Fomos até a lanchonete, sentamo-nos para comer e ela começou a me falar sobre seu trabalho.

Disse que o adorava, mas que tinha alguns clientes que faziam da sua vida um inferno. Aqueles poucos estavam arruinando sua carreira que, do contrário, seria feliz e significativa. Eles ficavam furiosos com os erros que ela cometia, eram muito mais exigentes do que qualquer um que possa ser visto como normal, e irresponsáveis com relação ao dinheiro — não seguiam os conselhos dela e depois ficavam enfurecidos com ela quando se viam em dificuldades. Eles estavam destruindo o que ela adorava na sua carreira.

— Então demita-os — disse eu.

— Como? Demitir meus clientes? — perguntou ela.

— É claro, o que há de errado nisso? Não todos, só aqueles que estão tornando sua vida infeliz. Mas você, na verdade, não tem que demiti-los. Apenas apresente-lhes uma análise do desempenho, como você faria em qualquer outro relacionamento — disse eu.

— Uma análise do desempenho? — perguntou ela.

— Sim. Simplesmente diga-lhes que você tem certas expectativas com relação a seus clientes, assim como eles têm em relação a você. Você espera que eles sigam suas instruções, deem a você as informações de que necessita e a tratem com respeito. Depois, diga-lhes que não estão fazendo essas coisas e que, para continuarem a trabalhar juntos, têm de melhorar o desempenho. Caso contrário, você não vai continuar a ser agente deles — expliquei.

— Isso é assustador... — disse ela. — Se eles não satisfizerem minhas expectativas, eu vou perder alguns clientes, e isso vai me fazer falta.

— Então agora nós chegamos ao verdadeiro problema — disse eu. — Você é dependente de algumas pessoas que não são boas. Acho melhor você lidar com esse problema primeiro, e depois fazer o que precisa ser feito.

Cerca de um ano mais tarde, ela me telefonou e me convidou para tomar um café. Quando nos sentamos, ela estava exultante.

— Fiz o que você sugeriu — disse ela. — Eu me livrei dos clientes ruins e estou adorando o meu trabalho. Não poderia estar mais feliz.

— Isso é ótimo — disse eu. — Como você fez isso?

— Bem, pra começar, consegui alguns novos clientes e também um trabalho de consultoria de roteiros em tempo parcial, de modo que eu teria a renda necessária para pagar minhas despesas. Depois tive aquelas conversas sobre as quais nós discutimos. Alguns ficaram furiosos e foram embora, outros mudaram o comportamento. Mas agora eu tenho clientes com os quais adoro trabalhar, e voltei a gostar do meu trabalho — disse ela. — Na verdade, parece que estou atraindo clientes melhores agora que eu mudei.

— É isso que em geral acontece — disse eu. — Mude o seu comportamento e o mundo à sua volta vai mudar. Bom trabalho!

A LEI DA FELICIDADE

Quando você muda, o mundo à sua volta também muda.

Eu estava radiante. Adoro quando vejo as pessoas descobrirem um dos principais presentes que Deus nos dá: a liberdade. Livrar-se de pessoas que estão destruindo sua vida ou usufruir de qualquer outro tipo de liberdade. Deus não quer que você se sinta oprimido. E Ele lhe dá a capacidade de desenvolver o autocontrole para que possa se sentir livre.

Mas para fazer isso você precisa dar o primeiro passo, como fez Shelly. Da mesma maneira que uma agente precisa satisfazer suas necessidades financeiras para garantir a segurança, você também deve se certificar que suas necessidades de segurança foram atendidas — especialmente suas necessidades emocionais. Encontre um bom grupo de apoio, um grupo de limites ou um grupo de codependência para apoiá-lo e ajudá-lo a enfrentar as situações difíceis. Lembre-se de que as pessoas controladoras ficam frustradas se você tenta convertê-las, e por isso podem ficar furiosas com você. Se esse for seu caso, você vai precisar do apoio de outras pessoas.

Seja como for, encontre apoio e proteja seu coração, sua mente, sua alma, sua força e seu corpo. Deus deseja que você seja prudente, ou sábio, e não continue a correr riscos, emocionais ou qualquer outro — como está escrito nos Provérbios:

> *O prudente vê o mal e esconde-se; mas os simples passam adiante e sofrem a pena.*[5]

Para ter a força para fazer o que necessita fazer, você precisa ter a segurança dos relacionamentos com Deus e com boas pessoas.

Identifique seus limites

Às vezes, como Davi, é bom pensar sobre seus limites e escrever os que são mais importantes para você. Eis alguns pelos quais começar:

- Não permitirei que gritem comigo ou abusem verbalmente de mim. Se isso acontecer, vou me distanciar da pessoa até que o abuso pare.

- Não me permitirei confiar em um mentiroso ou em um trapaceiro. A mentira deve parar antes de eu tornar a confiar na pessoa.
- Não vou assumir a responsabilidade pelo comportamento irresponsável de outras pessoas. Se elas tentarem me obrigar a fazer o seu trabalho, vou lhes dizer que gosto delas, mas isso é responsabilidade delas, não minha.
- Não vou me permitir ficar próximo de pessoas que abusam de substâncias.
- Não tolerarei nenhum tipo de abuso.
- Não me permitirei ser constantemente criticado ou infectado com tratamento emocional tóxico que me prejudique. Vou enfrentar isso e tentar resolver, mas, se a situação não puder ser resolvida, não me exporei a ela.
- Não permitirei que alguém me desvie do meu caminho de crescimento ou do meu relacionamento com Deus.

É claro que a lista acima parece se referir apenas a nos livrarmos dos erros que as pessoas cometem com relação a nós, mas também precisamos nos distanciar das pessoas que tentam nos fazer incorrer no erro. A lista de cada um será diferente, dependendo de onde a pessoa necessite de limites específicos. A lista que citamos pertenceu a alguém que tinha o costume de ceder a maus-tratos em relacionamentos nocivos. A sua pode não ser tão séria, mas pode ter mais a ver com alcançar seus objetivos ou construir sua vida em uma direção diferente. Um exemplo disso seria: "Não vou permitir que o meu tempo seja desviado por muitas pessoas que precisam de coisas de mim. Vou economizar meu tempo nesta temporada para ________________". Os limites são importantes não só para protegê-lo do mal, mas também para proteger as boas coisas que você esteja tentando realizar.

A LEI DA FELICIDADE

Os limites não só o protegem do mal, mas protegem as boas coisas que você está tentando realizar.

Outro exemplo: quando estou escrevendo um livro, tenho de racionar o tempo e controlá-lo, ou jamais o termino. Quando uma data de entrega se aproxima, parece estranho dizer a alguém, especialmente a um amigo: "Eu adoraria almoçar com você. Pode me telefonar daqui a mais ou menos quatro meses?" Às vezes a pessoa olha para mim como se eu fosse meio louco, mas, se eu não fizesse isso, jamais terminaria meus livros.

Proteja seus sonhos, suas paixões, seu tempo, sua energia, seu coração, sua mente e sua alma. Você deve proteger esses tesouros, não por egoísmo — pois os limites não pretendem transformar você em uma pessoa autocentrada —, mas porque assim você terá os tesouros para gastar da maneira que realmente importa para as pessoas às quais você realmente quer dá-los — inclusive você mesmo. Você tem alguns tesouros para si e alguns para os outros também. Se tiver esse tipo de limite, estará protegendo também a sua felicidade.

> *Põe guarda, SENHOR, à minha boca; vigia a porta dos meus lábios.*[6]

12

AS PESSOAS FELIZES PERDOAM

TENHO DUAS AMIGAS que não se conhecem, mas poderiam muito bem ser irmãs, ou pelo menos primas. O que eu quero dizer é que Rachel e Susan cresceram em lares muito semelhantes; ambas sofreram terríveis maus-tratos, até mesmo abuso. Como cada uma delas está andando por aí hoje é um milagre da dedicação de Deus na vida delas. Mas há algumas diferenças importantes entre as duas.

Rachel é uma pessoa de difícil contato. Ela é desconfiada e um pouco cínica com relação a si própria, o que, embora seja um pouco engraçado, às vezes atrapalha sua capacidade de se relacionar.

Susan é emocional e aberta a relações, e se você for uma pessoa boa e confiável, ela está pronta para se conectar com você. Quando se está com Susan, a sensação que se tem é de que ela está presente.

Rachel é um pouco impaciente. Ao trabalhar com ela, as pessoas podem às vezes achá-la áspera.

Susan não é ingênua, mas é clara, direta e uma pessoa com quem é fácil trabalhar.

Rachel tem dificuldade em muitos relacionamentos, com uma montanha de conflitos, especialmente quando é de algum modo menosprezada.

Susan tem amigos de longa data e bons relacionamentos com todos eles.

Rachel claramente tem problemas com os homens. Ela é rápida para encontrar defeitos neles e, embora deseje um relacionamento com um homem, está com mais de quarenta anos e nunca se casou. Sempre encontra algo de errado em cada um com quem sai.

Susan adora os homens e tem bons amigos homens, assim como um marido bom, amoroso, honesto e responsável há vinte anos.

Rachel é obcecada por justiça. O que quero dizer é que, sempre que acontece algo de errado em algum lugar, formal ou informal, ela é implacável na hora de "procurar o bandido e fazê-lo pagar pelo que fez".

Susan também busca a justiça e já a vi sair do seu caminho — e até mesmo suportar a dor — para defender pessoas que foram de algum modo feridas ou maltratadas. Mas você nunca tem a sensação de que ela está procurando vingança.

Rachel cortou relações com seu pai e tem um relacionamento tenso com a mãe.

Susan desfrutou de um relacionamento positivo com seus pais idosos enquanto foi possível e tem cuidado bem deles em sua velhice.

As duas são mulheres inteligentes e capacitadas. Em geral, gosto muito de Susan e me divirto quando estou perto dela. Com Rachel tenho um relacionamento mais esporádico; alguns encontros por ano são suficientes. E, embora ambas sejam talentosas, a vida de Susan tem funcionado muito melhor do que a de Rachel.

Susan é, no todo, uma pessoa feliz; acho que a maioria daqueles que conhecem Rachel não diria o mesmo dela.

Não pretendo julgar nenhuma das duas, e em geral não acho conveniente fazer comparações entre as pessoas, pelas razões que já vimos no Capítulo 8. Não sei como é ser Rachel, nem tudo o que a faz ser como é. Conheço muito melhor Susan, e tenho uma ideia melhor sobre o que a fez ser bem-sucedida em seus relacionamentos e em sua vida. Mas, sem julgamento ou comparação, não posso negar que há uma grande diferença entre elas: Susan perdoa, Rachel não.

Como psicólogo, acho que as atitudes opostas de Rachel e Susan com relação ao perdão são responsáveis por grande parte das diferenças entre a vida delas. Além disso, acredito que as atitudes quanto ao perdão são responsáveis por grande parte da diferença na vida das pessoas felizes e das pessoas infelizes.

POR QUE O PERDÃO FAZ DIFERENÇA?

Tanto a Bíblia quanto a pesquisa posicionam o perdão como um dos dons mais valiosos que podemos possuir. Receber o perdão já nos ajuda imensamente, e também nos ajudamos quando o concedemos aos outros, quando nos tornamos uma pessoa que perdoa. As evidências afirmam que quem perdoa os outros acaba sendo o maior beneficiário do perdão. As pessoas que perdoam sentem um bem-estar psicológico e físico maior, maior satisfação conjugal e menos problemas de saúde mental e física. Na verdade, há inclusive indicações de que não perdoar aumenta a frequência cardíaca e a pressão arterial. Pense nos efeitos de longo prazo disso! Por exemplo, foi demonstrado que os sobreviventes de ataque do coração que aprendem a perdoar são menos hostis e sofrem de menos problemas cardíacos.[1]

A LEI DA FELICIDADE

As evidências afirmam que, quando perdoa os outros, você é o maior beneficiário.

As pessoas que perdoam têm uma série de traços positivos que as beneficia em sua capacidade para se relacionar com os outros e também em seu funcionamento geral na vida. Têm uma maior capacidade para seguir em frente depois que algo dá errado, e não se entregam a uma ruminação persistente.[2] Elas simplesmente vivem muito melhor. Se você pensar nisso, quem não teria uma vida melhor se deixasse de ficar perambulando por aí com uma montanha de ressentimento, raiva tóxica ou ódio, e uma cabeça cheia de pensamentos sobre um acontecimento antigo ou dirigidos às pessoas que as magoaram?

Muitas pesquisas validam o poder do perdão, mas, como clínico, não precisei ler sobre isso para conhecer seu poder. Tenho visto o poder do perdão ser repetidamente comprovado na vida das pessoas com quem trabalho. Aquelas que são capazes de perdoar são de longe as mais saudáveis e as menos prejudicadas pelo que sofreram nas mãos dos outros. São muito mais capazes de ser quem realmente são e de construir a vida que desejam do que aquelas que ainda estão apegadas às ofensas de que foram alvos no passado. A razão disso está no próprio cerne da mecânica do perdão.

O perdão é definido como "cancelar uma dívida". Em outras palavras, a justiça diz que, se alguém lhe faz algo de ruim, *ele está em débito com você*. Não devia ter feito o que fez e deve consertá-lo ou fazer direito. E, é claro, isso é verdade. Você pode literalmente "usar isso contra ele", significando, na linguagem legal, que tem uma alegação válida contra essa pessoa. Por isso você às vezes escuta a oração do Pai-Nosso recitada como "perdoai as nossas dívidas assim como nós perdoamos aos nossos devedores". A palavra "perdão" em si vem da ideia de alguém lhe "dever" algo. É também por isso que você ouve as pessoas da área financeira fazerem declarações como "eles perdoaram o empréstimo".

Por isso, perdoar alguém significa que *ele não lhe deve mais nada*, porque você perdoou a ofensa. Assim como um banco perdoa um empréstimo e cancela a dívida, ao perdoar alguém você cancela a ofensa. Você a tira de seus registros e retorna a contabilidade a um equilíbrio zero.

A importância disso do ponto de vista relacional e emocional é enorme. Significa que você cancelou: (1) a necessidade de se vingar de alguém e todas as emoções negativas que acompanham essa necessidade, (2) o desejo de magoá-lo ou fazê-lo pagar ou se sentir mal, e (3) a exigência de que ele conserte as coisas para você. Em suma, isso significa que você está *livre*. Na verdade, o principal benefício do perdão é exatamente este: *o perdão o liberta daquele que o magoou.*

Pense em Susan e Rachel. Susan foi bastante magoada por seus pais, sobretudo por seu pai. Mas, desde que os perdoou e trabalhou sua mágoa, não se apegando à ofensa, ela está livre do tratamento que eles lhe deram, e ele não mais define quem ela é e como tem de ser na vida. *Eles não têm mais o poder de afetá-la.* Ela conseguiu se tornar a pessoa que queria ser: amorosa, confiante, aberta e livre.

Rachel ainda está apegada ao que sua família, especialmente seu pai, fez a ela. Continua ressentida e tem uma postura negativa em relação a eles. Ainda despende energia ao falar como eles foram maus. Como resultado, sua orientação com relação à vida é limitada pelo que eles fizeram a ela. Ela tem raiva dos homens, não confia neles e tem todos os outros problemas que eu já listei. Por quê? Porque está carregando o passado com ela e este continua afetando e infectando o presente. *Ela ainda não se libertou de seus pais e do que eles fizeram a ela.*

Seu ressentimento está exposto em seu ser e em sua personalidade. Ele está direcionado às outras pessoas, ainda que

Rachel não consiga ver isto acontecendo. Como disse Jesus, como ela não consegue enxergar o cisco em seu próprio olho, não consegue enxergar claramente também as outras pessoas. Isso prejudica a sua visão. Ela distorce quem elas são e então reage contra elas. Você provavelmente conheceu alguém como Rachel. Devido a tudo o que sofreu nas mãos de uma pessoa, ela transfere isso a todas as outras que lhe lembram aquela pessoa — sejam elas toda uma raça, um gênero, uma posição (como as autoridades), uma igreja ou qualquer outra coisa. A incapacidade de perdoar afeta nossa capacidade de ver e de ter relacionamentos reais com as pessoas porque estamos trazendo para o presente dívidas e mágoas passadas. Isso explica por que uma pessoa que está paralisada na incapacidade de perdoar às vezes trata uma ofensa menor como se fosse uma traição. Essa "traição" inclui muitos dos pecados passados ligados a ela por outras situações.

Susan é o oposto. Tendo aberto mão de qualquer desejo de vingança ou do desejo de que seus pais fizessem o que é certo, seus olhos enxergam claramente. Ela vê as pessoas como elas realmente são, se relaciona com elas da maneira adequada. E, quando é magoada no presente, trabalha a mágoa, perdoa e, se for o caso, continua se relacionando com essa pessoa sem nenhum ranço no caminho.

Emocionalmente, o problema de não perdoar é que, ao se apegar a uma ofensa passada, você está o tempo todo, de maneira ativa, consciente e inconsciente, gerando sentimentos negativos em seu coração e em sua alma. A própria postura de guardar rancor contra alguém gera uma energia negativa dentro de você, o que tem consequências reais, emocionais e até mesmo físicas. A pesquisa prova isso e revela como muitos sofrimentos e esforços estão associados a não perdoar.

Mas o perdão "rompe a cadeia". Ele corta o cordão que está entre você e um evento doloroso do passado. Ele permite que o seu presente e o seu futuro sejam exatamente o que são, e não uma pendência de maus eventos do passado que têm o poder de envenenar os bons momentos que você poderia ter hoje ou amanhã.

A LEI DA FELICIDADE

O perdão "rompe a cadeia". Ele corta o cordão que está entre você e um evento doloroso do passado.

Recentemente conversei com um casal que um amigo meu queria que eu conhecesse, porque eles estavam com algumas dificuldades. Fiquei triste pelo maravilhoso quadro potencial que estava diante de mim, mas que era tudo, menos maravilhoso.

Eles tinham ótimos filhos, uma grande carreira, bons amigos e uma comunidade. Mas um conflito constante. A principal razão? Ela não conseguia perdoar nem mesmo as mais leves ofensas. Toda vez que eu tentava fazê-los ver como se conectarem um com o outro e construírem algo, ela imediatamente trazia à tona algum defeito dele ou uma maneira em que ele a havia desapontado. Ela era implacável.

Não sei como vão lidar com isso a longo prazo, mas sei que em grande parte vai depender de ela ser ou não capaz de aprender esta verdade muito importante: a vida depende da nossa capacidade de perdoar. Para experimentarmos o bem que Deus deseja para nós, devemos nos livrar do "mal" e do ferrão que ele carrega. A verdade é que vivemos em um mundo imperfeito com pessoas imperfeitas. A simples lógica nos diz que, para termos uma vida boa e bons relacionamentos, precisamos aceitar que vivemos em um mundo em que coisas ruins acontecem e todos a quem amamos de algum modo nos magoam ou nos desapontam. Então, para termos a experiência de qualquer coisa boa com qualquer um, até mesmo a melhor das pessoas, precisamos perdoar suas imperfeições, seus pecados e transgressões com relação a nós. Isso é simplesmente a realidade.

Como disse certa vez Woody Allen: "Cloquet odiava a realidade, mas percebeu que ainda era o único lugar onde ele conseguia comer um bom bife". Poderíamos odiar este mundo onde há pessoas reais que nos magoam. Mas este é também o único mundo em que podemos encontrar o "bom bife" dos bons relacionamentos. Para tê-los, precisamos perdoar os "não tão bons".

A NÃO NEGAÇÃO E NÃO NECESSARIAMENTE A RECONCILIAÇÃO

Quando falamos sobre a necessidade do perdão (sim, eu disse necessidade), em geral surgem duas questões. A primeira é: "Então, o que você está dizendo é que eu devo simplesmente negar o que eles fizeram?". Absolutamente não! Na verdade, o perdão exige o oposto. Para perdoar algo precisa haver um "algo". A dívida tem de existir. O perdão requer uma transgressão para que ele chegue a ser uma opção. Se você negar a ofensa, não poderá perdoá-la. Vamos falar sobre a diferença entre o *perdão*, a *reconciliação* e a *confiança.*

O perdão

Muitas pessoas disfuncionais alimentam o não perdão — que está afetando seus relacionamentos ou desempenho atuais — simplesmente porque ainda estão em negação sobre as maneiras como foram magoadas. Exemplo simples: alguém que nunca enfrentou algumas questões sobre seus pais e por isso continuamente tem problemas de autoridade com todos os seus chefes. Hmmm... pensa que *todo* chefe é assim tão ruim? Provavelmente não. Sua negação está transbordando para a transferência psicológica.

Perdoar requer que você identifique a ofensa, sinta os sentimentos envolvidos, fale sobre o sofrimento e a raiva, e depois sofra por ela. Ela tem de ser abraçada para poder ser trabalhada. Isso não significa perseguir alguém ou ter ataques de raiva. Significa reconhecer como você se sente e depois trabalhar esse sofrimento. Sabemos clinicamente que, em vez de "expulsar a raiva", você deve assumi-la e pensar em suas causas. Na verdade, se não fizer isso, jamais se livrará dela, não importa quantas vezes você tente. A raiva gera raiva; não a resolve. Você nunca conheceu uma pessoa eternamente zangada? Você acha que os terroristas alguma vez se "livraram da raiva"? Obviamente, "livrar-se dela" não é o bastante. Ela tem de ser resolvida.

De maneira similar, o perdão não significa necessariamente se reconciliar com a pessoa ou confiar de novo nela. Algumas pessoas não são confiáveis e algumas não admitirão seus erros. O perdão tem a ver com o passado. Confiança e reconciliação têm a ver com o futuro. Confiança e reconciliação são coisas diferentes, mas ambas são separadas do perdão. Você pode perdoar qualquer pessoa. Mas confiar em alguém requer que a pessoa seja confiável.

A reconciliação

Você pode perdoar algo que alguém lhe fez, pois o perdão só requer uma pessoa: você. Mas a reconciliação requer duas. A reconciliação requer que a outra pessoa assuma o que fez, peça desculpas e tenha um desejo de se reconciliar e ter um relacionamento, desde que ela pare de fazer aquilo que você precisou perdoar. Por isso o perdão é fundamental para os relacionamentos contínuos, de longo prazo, assim como é uma exigência para a reconciliação. Mas o perdão não é uma garantia do outro porque, para se reconciliar, ele tem de perceber o que fez e consertá-lo.

A confiança

Já a confiança é um assunto diferente. Você pode perdoar alguém pelo passado, reconciliar-se com ela no presente e, ainda assim, manter a guarda quanto a confiar nela no futuro. A razão disso? A confiança deve ser conquistada. Nós confiamos nosso coração e nossas posses àqueles que se provam "confiáveis". Por exemplo, alguém pode se reconciliar em um relacionamento e concordar em ir em frente com ele, mas só concede mais e mais confiança à medida que o comportamento da outra pessoa comprova ser "confiável". Isso ocorre com frequência no casamento depois de uma infidelidade. A vítima perdoa o cônjuge infiel pelo que aconteceu, e eles se reconciliam para levar adiante o relacionamento. Mas a confiança é recuperada quando aquele que causou o sofrimento prova com o tempo ser confiável e estar comprometido com o novo comportamento. Às vezes esse período ocorre durante uma separação terapêutica, e a resolução de voltarem a morar juntos é fruto do comportamento do ofensor ter voltado ao normal.

Essa questão do perdão não é um assunto bobo, piegas. Não é apenas ficar na negação e agir como se as ofensas não tivessem existido. O perdão possibilita a você se livrar do passado, mas não lhe pede para ser tolo no futuro. Você pode perdoar pais violentos pelo que fizeram no passado, mas manter reservas no quanto confia neles no presente se não provarem se importar com você.

O combustível para o perdão

A mágoa é poderosa. Ela tira o vento da vela de nosso barco e nos proporciona menos entusiasmo para viver. Em casos extremos, pode até acabar com nossa vontade de seguir em frente. Então, de onde vem o poder de perdoar o tipo de mágoa que nos fere tão profundamente? De onde tiramos a capacidade de perdoar? Em termos simples, do fato de sermos perdoados. Nós somos capazes de perdoar os outros porque fomos perdoados por Deus.

A LEI DA FELICIDADE

Somos capazes de perdoar os outros porque fomos perdoados por Deus.

Nós o amamos porque ele nos amou primeiro.[3]

O amor de Deus nos estimula a perdoar. Especialmente porque Ele perdoa-nos "todas as nossas transgressões"[4]. Na medida em que experimentamos realmente ser perdoados por tudo, por tudo o que já fizemos ou faremos de errado, somos capazes de perdoar os outros. O amor Dele nos torna humildes e não podemos alimentar sentimentos ruins contra as outras pessoas porque um Deus perfeito não alimenta nenhum sentimento contra nós. Ele é o nosso combustível:

> *Antes, sede uns para com os outros benignos, compassivos, perdoando-vos uns aos outros, como também Deus, em Cristo, vos perdoou.*[5]

Então, quando você tem dificuldade para perdoar alguém, lembre-se de como Deus o perdoa. Esse é o padrão para todo o perdão, como nos disse Jesus:

> *Se, porém, não perdoardes aos homens as suas ofensas, tampouco vosso Pai vos perdoará as vossas ofensas.*[6]

É errado pensar que podemos ser perdoados e deixar de conceder o perdão aos outros. Isso não é sequer justo. A escolha que Deus nos dá é clara: em que sistema você quer estar? No da graça ou no da justiça? Se quer estar no da graça, então não pode querer o sistema da justiça para os outros. Se quer a justiça para eles, também terá a justiça para você, e isso significa que terá de pagar por seus pecados assim como está exigindo que eles paguem pelos pecados cometidos contra você. Não sei quanto a você, mas eu escolho a graça!

E, como psicólogo, posso lhe dizer que, se temos um revólver do não perdão apontado para os outros, ele às vezes gira e aponta para nós também. Os dois com frequência andam juntos. Se somos críticos e não perdoamos os outros, fica difícil nos sentirmos perdoados. Então, faça um favor a você mesmo e perdoe. E lembre-se de que o amor de Deus nos estimula a perdoar os outros. Aprecie a aceitação Dele, pois este é o Deus da Bíblia:

> *Bendize, ó minha alma, ao SENHOR, e não te esqueças de nem um só de seus benefícios. Ele é quem perdoa todas as tuas iniquidades; quem sara todas as tuas enfermidades; quem da cova redime a tua vida e te coroa de graça e misericórdia; quem farta de bens a tua velhice, de sorte que a tua mocidade se renova como a da águia.* [7]

> *Quem, ó Deus, é semelhante a ti, que perdoas a iniquidade e te esqueces da transgressão do restante da tua herança? O SENHOR não retém a sua ira para sempre, porque tem prazer na misericórdia.*[8]

Esse é o combustível, a máquina do perdão: o amor de Deus. Se você não conhece esse amor, peça-o a Ele neste momento. Jesus o oferece a todos nós, e Ele nos diz que está livre para ser solicitado. Se você o solicitou, medite sobre ele, pense sobre ele, sinta-o, saboreie-o. Ele vai ajudá-lo a ser uma pessoa que perdoa. E se você é uma pessoa que perdoa, será mais feliz. A Bíblia lhe promete isso e a pesquisa comprova.

13

AS PESSOAS FELIZES RECEBEM UM CHAMADO

UMA DE MINHAS histórias favoritas é sobre algo que aconteceu comigo muitos anos atrás durante mais ou menos uma semana. Eu estava conversando com um homem da área da construção civil que pensava em fazer o que ele chamava de uma "mudança de carreira". Quando eu lhe perguntei por que, ele me disse algo assim:

— Construir casas não tem significado. Quero que o meu trabalho signifique algo. Eu compro um pedaço de terra, construo uma série de casas e as vendo, ganho um monte de dinheiro e parto para o próximo negócio. Isso não significa nada. Detesto meu trabalho.

Pouco tempo depois, eu estava conversando com outro construtor e ele me disse algo totalmente diferente:

— Adoro meu trabalho. Se não fizesse isso, não sei o que faria.

— Por que? — perguntei.

— Por que ele traz muito significado para minha vida — disse ele.

— É mesmo? Como? — Meu primeiro pensamento foi: *Eu gostaria que você conversasse com aquele outro homem*, mas me contive. Em vez disso, simplesmente ouvi e fiquei impressionado diante do contraste.

— Bem, — disse ele — começa quando saio de helicóptero procurando um pedaço de terra. Na minha mente, vejo ruas sem saída com crianças brincando e cinturões verdes com *playgrounds* onde elas estão andando de bicicleta. Então, quando planejo as casas e me reúno com os arquitetos, me certifico de que haja grandes espaços para as pessoas se reunirem, com recomendações como: "Não coloque a cozinha espremida num canto!". Digo aos arquitetos: "Todos devem estar conectados de forma que quem esteja cozinhando esteja inserido na ação!". Depois vejo a lareira onde as meias vão ser penduradas no Natal, onde as crianças vão se reunir, ou a escada que uma adolescente um dia descerá com seu vestido de festa para sair com o namorado. Quando penso em como estamos criando comunidades e casas onde as pessoas vão construir sua vida, sua família e suas amizades... o que poderia haver de mais significativo do que isso?

— Entendi perfeitamente — disse eu, e acho que escondi muito bem meus olhos marejados. O modo como ele descreveu o amor em seu coração, que estava sendo expresso por meio da construção de casas, foi muito comovente. E uma parte de mim não pôde deixar de pensar no significado e no propósito que o primeiro homem estava perdendo, realizando exatamente o mesmo trabalho.

DESCOBRINDO SUA PERCEPÇÃO DO *CHAMADO*

Os pesquisadores escrevem que, no que diz respeito ao modo como as pessoas encaram o trabalho, existem três tipos de pessoas: (1) aquelas que encaram o trabalho como um "emprego", sendo seu principal propósito a garantia do sustento; (2) aquelas que encaram o trabalho como uma carreira, com o propósito de progredir ao longo do caminho; e (3) aquelas que encaram o trabalho como um "chamado", com o propósito mais elevado de contribuir para um bem maior e para o benefício intrínseco e a experiência do próprio mundo.[1]

Qual dessas visões você acha que é a mais gratificante, além de aumentar a felicidade? Obviamente a terceira, na qual suas atividades têm significado e um valor intrínseco, além de trazerem satisfação. Quando suas atividades criam um senso de fluxo, o fator felicidade aumenta ainda mais. Pense em como é gratificante fazer atividades que estão na sua área de interesse e são intrínseca e extrinsecamente compensadoras. Mas tudo isso levanta uma questão: de onde vem essa percepção do "chamado"?

Conhecendo quem você é como pessoa

Em primeiro lugar, sua percepção do chamado vem de quem você é como pessoa. Se você comparar os dois construtores a que me referi, eles realizavam as mesmas atividades e de fora podiam parecer mais ou menos idênticos. Mas, interiormente, a história era diferente. O primeiro era um homem desconectado, não relacional, que estava no negócio da construção sobretudo por dinheiro, que, como vimos, não faz ninguém feliz. O segundo não era nada parecido com isso. Era um homem muito conectado e afetivo, que fazia tudo pensando no que era importante para as pessoas e as famílias que iam viver nas casas que ele construíra. Seu propósito era criar lugares para as pessoas onde o amor pudesse crescer.

Se você é o tipo de pessoa motivada por valores transcendentes e se importa com as coisas reais da vida, em oposição às coisas que não duram, é mais provável que encare qualquer coisa que faça, vocacional ou não vocacionalmente, como algo que vale mais do que apenas um "emprego". De algum modo será relacionado a prestação de serviços, porque é assim que você é como pessoa.

Entendendo que seus talentos são um dom de Deus

Em segundo lugar, você percebe o chamado quando entende que sua vida e seus talentos são dons de Deus.

Isso vem de um entendimento de que Ele lhe deu dons para serem aproveitados e utilizados, mas também para servirem à humanidade e aos propósitos de Deus. Eis uma das maneiras pelas quais Ele diz isso:

> *Pois somos feitura dele, criados em Cristo Jesus*
> *para boas obras, as quais Deus de antemão*
> *preparou para que andássemos nelas.*[2]

Se você encara suas habilidades apenas pensando no tipo de pagamento que elas podem lhe proporcionar ou como podem ajudá-lo a subir na vida, então não apenas você não vai ser gratificado, mas está perdendo a essência da história da criação. Deus criou todos nós, não apenas aqueles que estão no "sacerdócio", para realizar o seu trabalho no planeta. Toda vez que escuto as pessoas dizerem aos clérigos algo sobre "realizar a obra do Senhor", eu me contraio um pouco. Respeito totalmente as pessoas que servem em tempo integral no sacerdócio, e certamente eles se sacrificam muito em prol do que fazem — e todos nos beneficiamos. Mas a verdade é a seguinte: *todos* devem se ver como agentes "da obra do Senhor".

Deus colocou as pessoas na Terra e lhes deu dons. Dons para construir casas para seus filhos viverem. Dons para cultivar alimentos para nossa alimentação, e dons para criar meios de transporte para levar esses alimentos até os mercados. E dons para fazer os mercados funcionarem de modo que tenhamos um lugar onde comprar alimentos. Sem mencionar as estradas que vão levá-los até lá, os carros que temos para dirigir, e os instrutores que ensinam os caixas a registrar nossas compras e receber nosso pagamento, e o banqueiro que vai lidar com a transação do nosso cartão de crédito para pagar o mercado. E não se esqueça também dos dons requeridos para ser um banqueiro ou para fazer as lâmpadas do banco para que ele possa controlar todo esse dinheiro. E quanto aos policiais que mantêm nosso dinheiro seguro e nos dão segurança quando vamos retirar algum dinheiro no caixa eletrônico? Certamente eles estão protegendo os filhos de Deus. Eu poderia ir adiante, mas você já captou a ideia geral. Temos todos a missão de fazer o mundo funcionar e ser um lugar onde as pessoas vivam, prosperem e amem.

Quando entendemos que Deus tem uma Terra para dirigir e que Ele nos colocou aqui para dirigi-la, entendemos que estamos todos na "obra do Senhor". Quando conseguimos entender isso, não importa o que estejamos fazendo, nosso trabalho adquire muito mais importância. Como nos diz a própria Bíblia:

> *Tudo quanto fizerdes, fazei-o de todo o coração,*
> *como para o Senhor e não para os homens.*[3]

Quando entendemos que estamos trabalhando para Deus, toda tarefa se torna importante e significativa. Somos os receptores de Seus dons, e cada um de nós recebe um chamado.

A LEI DA FELICIDADE

Quando entendemos que estamos trabalhando para Deus, toda tarefa se torna importante e significativa.

Martin Seligman conta uma história de quando foi ao hospital visitar um amigo que estava em coma. Enquanto ficou lá, percebeu um servente que, após fazer sua tarefa de remover a "comadre", passou a uma tarefa diferente. Começou a arrumar os quadros na parede, inclusive substituindo um calendário por uma reprodução de Monet que ele havia trazido em uma sacola de compras. Após observá-lo durante algum tempo, Seligman perguntou-lhe o que ele estava fazendo. O servente respondeu:

— Meu serviço? Sou o servente deste andar — respondeu ele. — Mas toda semana eu trago novas imagens e fotos. Veja, eu sou responsável pela saúde de todos estes pacientes. Observe o sr. Miller aqui. Ele não acordou desde que o trouxeram, mas quando acordar, meu objetivo é que ele veja coisas bonitas à sua volta.[4]

Está claro para qualquer um que o servente não estava apenas fazendo a sua tarefa. Ele recebeu um chamado, e eu diria a você que ele está realizando a obra de Deus de uma maneira bastante significativa. Ele é muito mais realizado do que todos aqueles executivos que ganham milhares de dólares, odeiam o que fazem, mas estão em busca da "felicidade" subindo a escada corporativa ou enchendo suas contas bancárias.

Enxergando as pessoas que estão do outro lado

Em terceiro lugar, nossa percepção do chamado vem da compreensão de que o que fazemos diz respeito às pessoas que estão na outra extremidade. Estamos todos no negócio da prestação de serviços, não importa o que façamos. Depois do desastre de Wall Street de 2008-2009, trabalhei com muitas pessoas de várias empresas de serviços bancários, de seguros, imobiliários e financeiros. Se você se lembra, essas áreas sofreram um grande golpe e as coisas ficaram muito difíceis para elas. Eu sentia pena de qualquer um cujo trabalho fosse cuidar do dinheiro de outras pessoas, pois os investimentos de todos foram atingidos. Se você estava nessas áreas, provavelmente passou por um período difícil.

Mas conversando com centenas de pessoas dessas empresas e ouvindo o que elas tinham a dizer, ouvi um tema repetidamente. Aquelas que estavam indo bem e prosperando viam o que faziam como uma missão e um serviço para seus clientes, em vez de apenas estarem no "mercado" ou no setor de investimentos. Aquelas que nos dias mais sombrios encontravam significado e motivação eram as que se viam nas trincheiras ao lado dos indivíduos e das famílias que tinham problemas com a aposentadoria, com a educação universitária dos filhos, com sua casa ou simplesmente com o modo como iriam pagar suas contas no mês seguinte. Mais do que simplesmente banqueiros, executivos ou consultores de investimento, eles se viam como conselheiros e assistentes sociais. Estavam ali para ajudar seus clientes, ajudá-los a vencer as dificuldades e a não ir à falência, oferecendo-lhes apoio, esperança e coragem. Nesse tipo de trabalho, mesmo que seus próprios portfólios e renda estivessem lá embaixo, eles encontravam significado e felicidade. Um deles me disse:

— Todos os dias meu trabalho tem significado. Eu sei que estou fazendo uma diferença na vida das pessoas.

Para mim, isso é realizar a obra do Senhor. Esse é um chamado, mesmo que você esteja vendendo ações ou gerenciando fundos de aposentadoria ou investimentos.

Assumindo os dons que Deus lhe deu

Em quarto lugar, sua percepção do chamado tem a ver com enxergar o mundo como um lugar onde Deus deu talentos a todos e assumir aqueles que Deus *lhe* deu. Se você acredita — como a Bíblia diz e como a pesquisa revela — que toda pessoa tem talentos e um conjunto de potencialidades, então terá o cuidado de descobrir quais são os seus e colocá-los em uso. Se você acha que tem talentos dados por Deus para fazer algumas coisas, então a vida significa descobrir essas paixões e dons e investir neles de maneiras reais para produzir frutos reais.

Quando você descobre aquilo em que realmente é bom, toda a vida muda porque você adquire vida e fica energizado pelo uso de seus talentos e habilidades. Você também terá a percepção de que há um propósito para tudo isso, por que Deus fez você dessa maneira. Eu me lembro de uma mulher que acabara de ser mãe me dizer:

— Eu sinto que estou fazendo aquilo que vim ao mundo para fazer.

Ela sabia que seus dons estavam na maternidade e conseguia sentir tudo aquilo em ação.

USANDO SEUS DONS A SERVIÇO DOS OUTROS

Quando estamos falando de um chamado, é importante entender que o nosso chamado é mais do que trabalhar para o próprio sustento. Usar nosso chamado significa usar nossos dons e nossas paixões para fazer o bem. Isso pode ser feito como um profissional ou como um voluntário. Quando estava na faculdade, descobri que minhas inclinações eram para psicologia, teologia e os tipos de atividades que envolvem ajudar as pessoas. Comecei a trabalhar como voluntário em grupos de jovens e crianças adotadas. Eu não era remunerado, mas passava o meu tempo aconselhando e ajudando as crianças em todo tipo de situações. Eu me lembro de como me sentia vivo, e sei agora que era porque havia encontrado o meu chamado. Estava fazendo o que fui designado para fazer. Não em troca de pagamento, mas simplesmente porque se adequava a mim. Mais tarde, quando fui remunerado pelo meu trabalho, isso me ajudou a pagar as contas; mas o prazer e a realização eram os mesmos de quando eu realizava o trabalho de graça.

A LEI DA FELICIDADE

Usar nosso chamado significa usar nossos dons e nossas paixões para fazer o bem.

Agora, embora eu seja um psicólogo por profissão, ainda dedico um tempo trabalhando como voluntário com as pessoas, e frequentemente me aventuro em várias situações para ver se alguma coisa que sei ou estudei pode ajudar. É assim que eu sou, profissional ou não. Suponho que, se você é um cantor, você cante em troca de dinheiro, mas, se estiver dirigindo seu carro sozinho, provavelmente também canta. É assim que você é. Mas se estou na casa de um amigo e o encanamento se rompe, eu não terei a capacidade nem a inclinação para ajudar. E o meu amigo terá muito mais sorte se eu nem sequer tentar, a menos que ele deseje que sua casa seja inundada. Todos nós temos dons diferentes.

Quando as pessoas sentem um chamado, e às vezes mais de um, sentem-se como se houvesse algo que elas devem fazer, e não conseguem deixar de fazê-lo. É assim que elas são. Meus pais foram pessoas dedicadas a ajudar as pessoas, com um coração voltado aos pobres. Embora tivessem seu próprio trabalho há muitos anos, grande parte do tempo livre deles era dedicado a entregar refeições a pessoas incapacitadas, cuidar de crianças pobres depois da escola, lendo para elas, ou a trabalhar com o Exército da Salvação. O chamado deles era para ajudar os outros, ainda que não tivessem essa profissão. Às vezes a profissão, ou a carreira, e o chamado não são a mesma coisa. Na Bíblia, o apóstolo Paulo recebeu um chamado para falar às pessoas sobre Jesus Cristo. Ele escreveu grande parte do Novo Testamento. Mas ganhava a vida como fabricante de tendas. Nem sempre importa se o seu trabalho é ou não o seu chamado. Mas sempre importa *se você encontra ou não algum tipo de chamado*.

A temporada de futebol na escola de minhas filhas terminou recentemente, e para mim foi maravilhoso assisti-las jogando. Mas vou aos jogos para assistir, não para treiná-las. E há duas razões para eu não as treinar. Primeira, não sei nada sobre futebol. Cresci no Mississipi, onde se jogava o futebol americano, mas não o futebol europeu. Não tive nenhum treinamento em futebol. Mas a segunda razão é que elas já têm um treinador *de verdade*. Para ele, ajudar as crianças a ser atletas é um chamado. Você pode perceber isso quando o observa. Ele é tão profissional ao treinar as crianças quanto se estivesse treinando jogadores experientes nas ligas profissionais, e não menininhas que às vezes não sabem nem em que direção chutar a bola. Ele está seguindo o seu chamado de ajudar as crianças. E realmente as ajuda. Minhas filhas adoram o jogo, a experiência, e adoram o treinador. Como resultado disso, estão crescendo. Não sei qual é sua profissão, mas tenho certeza de que, para ele, o sábado é o grande dia da semana. Ele está plenamente engajado, e você pode ver claramente que está muito feliz.

Tanto a Bíblia quanto a pesquisa dizem o seguinte: entre na arca do tesouro do seu coração e descubra o que é importante para você. Não importa o que seja, vai envolver melhorar o mundo de alguma maneira e usar seus talentos para fazer isso. Se o fizer, terá assumido a responsabilidade da sua própria diversão e ficará mais feliz ao exercitá-los.

14

AS PESSOAS FELIZES TÊM FÉ

TENHO BOAS LEMBRANÇAS de meu pai, que faleceu alguns anos atrás no alto de seus 94 anos. Ele era mais velho do que a maioria dos pais quando eu nasci, e colhi os benefícios de algo que ele aprendeu sobre a felicidade com pouco mais de quarenta anos, antes mesmo de eu ter nascido. Na verdade, sua abordagem otimista da vida ficou evidente para mim quando eu já estava suficientemente grande para descobrir que fui provavelmente um "ops" da meia-idade, e lhe perguntei certo dia:

— Papai, eu não estava no plano de vocês, estava?

Ele olhou para mim, sorriu e disse:

— Vou lhe dizer apenas que sempre tentamos extrair o máximo de nossos erros.

Eu ainda rio pensando naquele momento.

E esse não foi um momento isolado de risos com meu pai. Ele ria muito. Se conhecesse meu pai e tivesse de descrevê-lo, você provavelmente usaria palavras que são todas muito próximas à palavra "feliz". As pessoas em geral se lembram dele muito frequentemente como "alegre e contente, sempre rindo e fazendo brincadeiras". Era assim que ele era.

Mas, como ele mesmo me disse, ele não foi sempre assim. Embora provavelmente tenha nascido com cerca de 50% da composição da "felicidade constitucional" que descrevi anteriormente, e embora eu tenha certeza de que seus 10% de felicidade circunstancial tenham flutuado entre desafios e sucessos, como acontece com todo mundo, num certo ponto da sua vida ele se tornou intencional com relação aos 40% restantes sobre os quais escrevi no Capítulo 3. Acho que isso foi fundamental para o seu espírito alegre e também para a sua longevidade. Você se lembra daqueles 40%? A grande e boa notícia da pesquisa sobre felicidade é que, embora as circunstâncias e a genética desempenhem seus papéis, *o resto do que entra na sua felicidade vem de coisas que estão diretamente sob o seu controle: seus comportamentos, pensamentos e práticas intencionais na vida.* As coisas que você faz "intencionalmente". Aquilo a que atribui sua atenção e sua energia para fazê-lo feliz. Esses são fatores que você e só você pode controlar.

Meu pai assumiu o controle desses 40% a certa altura da sua vida e, como ele diria, isso mudou tudo. Disse-me que tomou uma decisão intencional com pouco mais de 40 anos e esta fez com que se livrasse do estresse, das preocupações e da tensão que quase o mataram. Ele havia aberto sua própria empresa e esta havia crescido a um ponto que estava, naquela época, acabando com ele. Expandir-se para novas linhas de negócios, administrar o pessoal e dirigir todas as operações era cada vez mais estressante. Ele havia atingido o seu limite, e nessa altura não tinha aprendido ainda as práticas positivas de manejo do estresse. Dois dos maiores problemas foram 40 quilos a mais e o que ele chamava de "preocupação constante".

Certa tarde, meus pais estavam no cinema quando ele desmaiou. Inconsciente e incapaz de reagir ou se mover, foi levado às pressas para o hospital, onde passou por alguns exames. A conclusão foi que seu coração estava gravemente comprometido e lhe disseram que ele poderia ter cerca de seis meses de vida.

— Vá para casa e coloque seus negócios em ordem — foi tudo o que disseram.

Nessa altura, ele decidiu ir a um grande hospital-escola em Nova Orleans, a cerca de 300 km de distância da sua casa, para ver se conseguia obter um diagnóstico melhor. O que lhe disseram foi que ele tivera um "grande colapso físico" devido ao estresse, ao peso, à pressão sanguínea e a outros fatores, mas que o seu coração estava ótimo. O conselho dos médicos foi um pouco diferente de "vá para casa morrer". Foi algo como "vá para casa e comece a desfrutar da vida". Em outras palavras, ele estava trabalhando exageradamente e se estressava demais; se não mudasse, isso o mataria. Disseram-lhe para reduzir o estresse e arranjar um *hobby*. Como se comprovou, esse foi o conselho que conduziria à sua total recuperação — perder 40 quilos, encontrar um novo *hobby* de que ele gostasse muito, viver mais 50 anos *felizes* e, eu acrescentaria, ser um ótimo pai. A questão é: "Como ele fez isso?".

O que ele me disse foi que descobriu que era tudo grande demais para ele e que estava, literalmente, se matando de preocupação. Então começou uma nova prática intencional. Todos os dias, quando terminava o seu dia de trabalho, ele dizia a Deus:

— Eu deixo tudo com o Senhor, Deus. Agora tudo é problema Seu. Retomo as coisas de novo amanhã. Até lá, está em Suas mãos.

Então, ia para casa e obedecia à sua decisão de não se preocupar, mas de confiar em Deus.

Chegando em casa, sentava-se em sua cadeira preferida, rezava e lia a Bíblia durante cerca de meia hora. Essa prática reforçava as promessas de Deus e o ajudou a ter a experiência do conforto e da paz de Deus e, como ele diria, a "levar embora todas essas preocupações e esse estresse". Então, guiado por sua fé, ele também colocou em prática os outros princípios contidos neste livro. Todos eles eram fundamentados em seu amor e confiança no Pai celeste. Posso me lembrar de várias ocasiões, enquanto eu estava crescendo, de ele me dizer, quando havia algum dilema:

— Não sei como isso vai funcionar ou o que fazer. Eu simplesmente sei que Deus sabe.

Eu estava com pouco mais de 20 anos quando aprendi essa mesma lição depois de atingir meu próprio "fundo do poço" na vida. (Veja o primeiro livro desta série, *O segredo de Deus.*) Descobri exatamente a mesma coisa: quando a vida é grande demais e não temos as respostas, há um Deus que tem.

O BENEFÍCIO DO *RELACIONAMENTO*

Há uma "lei" que define se a existência ou não de Deus faz diferença na nossa vida. Deus sempre esteve presente para meu pai, mas só quando ele caiu naquele cinema é que soube como a "presença" de Deus podia se tornar algo mais. E só quando eu atingi o fundo do poço aprendi a "lei" que faz toda a diferença entre "Deus estar presente" e "*Deus estar presente para mim*". Essa "lei" é o que a Bíblia chama de "fé".

A LEI DA FELICIDADE

Até você ter um relacionamento com Deus não há conexão, e você não vivencia os benefícios do relacionamento.

A maneira como isso funciona é: Deus pode estar presente, mas, até você ter um relacionamento com Ele, não há conexão e você não vivencia os benefícios do relacionamento. Mas, quando você faz um movimento para se conectar com Ele — o que a Bíblia chama de colocar sua "fé" n'Ele — então muitas, muitas coisas começam a ocorrer, coisas que podem mudar sua vida, sua saúde, seu bem-estar e sua felicidade. E a pesquisa valida isso repetidamente, mostrando que as pessoas envolvidas na sua fé estão física e emocionalmente mais bem preparadas. Como diz a pesquisadora da felicidade Sonja Lyubomirsky, as pessoas religiosas são "mais felizes, mais saudáveis e se recuperam melhor após os traumas do que as pessoas não religiosas".[1] Um exemplo de lidar com o trauma é um estudo com duração de 18 meses que acompanha pais cujos bebês tiveram a síndrome de morte súbita. Como pai, não posso imaginar como isso seria devastador. Mas, nesse estudo, os pais que frequentavam a igreja regularmente e disseram que sua fé era importante para eles estavam enfrentando melhor, mostrando menos depressão e exibindo um bem-estar maior do que os pais não religiosos.[2]

Muitos outros estudos mostram a relação positiva da fé com a saúde física e até mesmo com a longevidade. Um estudo mostrou que "membros dedicados das igrejas tinham uma expectativa de vida de sete anos mais do que as pessoas que não eram membros de igrejas".[3] Ter fé e enxergar Deus como um parceiro na vida ajuda a curar a depressão e baixa os índices de suicídio.[4] A lista prossegue, mas as descobertas são bastante claras: nós estamos bem quando estamos envolvidos em uma vida de fé.

O ENVOLVIMENTO É FUNDAMENTAL

O envolvimento é fundamental. Mas não estou falando de fazer uma série de rituais religiosos sem significado, e sim de ter um envolvimento que parta de seu coração. Para meu pai, sua prática diária de entregar seu estresse a Deus e ler a Bíblia não era um ritual religioso. Ele a via mais como respirar ou comer. Seu coração estava envolvido, pois ele estava realmente confiando a sua vida a Deus.

ENTENDENDO A CONFIANÇA

A fé é apenas outra palavra para confiança (ver *O segredo de Deus*). Isso significa que dependemos de Deus para várias coisas que tornam a vida melhor e, assim, aumentam a nossa felicidade. Como disse Jesus, quando vamos até Ele, podemos ter a vida "em abundância".[5] Como nos disse Moisés, quando seguimos Deus, isso é "para o nosso perpétuo bem".[6] A palavra hebraica que traduzimos como "bem" ou "próspero" na verdade significa o "bem" em um sentido muito amplo. Significa coisas como "melhor, abundante, otimista, confortável, alegre, precioso etc.". Todas essas são palavras que descrevem felicidade e bem-estar.

Entretanto, assim como uma lâmpada deve estar ligada na fonte de eletricidade para fornecer luz, devemos estar ligados a Deus mediante o exercício da nossa fé em um relacionamento de confiança — como meu pai aprendeu a fazer. Ele acreditava em Deus antes de começar a confiar n'Ele. Mas só quando começou a depender diariamente de Deus é que teve a experiência de tudo o que Moisés havia descrito. Confiança é mais do que a mera crença.

A LEI DA FELICIDADE

Meu pai acreditava em Deus antes de começar a confiar n'Ele.

Como se faz isso? O incrível na fé é que é tão simples que uma criança pode fazê-lo, até mesmo um bebê. Davi disse que Deus o ensinou a confiar n'Ele "no seio de minha mãe".[7] Assim como um bebê depende da mãe para o amor e a segurança, nós também dependemos de Deus. Converse com Ele: diga-Lhe que você quer conhecê-Lo melhor. Quando você tiver uma dificuldade ou vivenciar um momento de estresse, como aconteceu com meu pai, fale com Deus e peça-Lhe para ajudá-lo com isso. Passe o seu dia em um diálogo com Deus, confiando n'Ele para tudo o que você não entende.

Se esta é a primeira vez que você pensa em ter um relacionamento com Deus, veja a maneira como Jesus descreveu isso quando disse que é como "nascer" de novo:

> *A isto, respondeu Jesus: Em verdade, em verdade te digo que, se alguém não nascer de novo, não pode ver o reino de Deus.*[8]

Sua vida espiritual tem um início, e Jesus disse que ela começa quando você acredita que ele é Deus, que veio à

Terra para nos mostrar como é Deus, e para nos mostrar que se confiarmos n'Ele obteremos o perdão e o tipo de bem-estar que a pesquisa descreve. Portanto, comece com aquele passo simples e veja por si mesmo que Suas palavras são verdadeiras, que se você buscar por Ele vai encontrá-Lo e muito mais.

Um relacionamento baseado na confiança

Eis alguns dos benefícios que você vai obter de um relacionamento com Deus baseado na confiança:

- A presença Dele estará com você.
- Ele vai lhe mostrar coisas sobre você e ensiná-lo a como agir melhor.
- Ele lhe dará as habilidades para fazer o que você precisa fazer.
- Ele lhe proporcionará orientação quando você dela necessitar e o guiará pela vida afora.
- Ele vai ajudá-lo a crescer e enfrentar seus "problemas".
- Ele vai lhe dar mais autocontrole.
- Ele vai aconselhá-lo quando você necessitar de sabedoria.
- Ele vai ensiná-lo sobre a vida e lhe revelará a verdade.

- Ele vai conduzi-lo durante toda sua vida e sempre lhe mostrará o próximo passo.
- Ele vai lhe dar amor e perdão constantes que nunca lhe faltarão.
- Ele vai curá-lo.
- Ele lhe proporcionará oportunidades e abrirá portas quando delas você necessitar.
- Ele vai ajudá-lo a ser mais amoroso, confiante e corajoso.
- Ele desenvolverá seu caráter.
- Ele proverá as suas necessidades e porá fim às suas preocupações e ansiedades.
- Ele o confortará no sofrimento e na perda.
- Ele o colocará em contato com pessoas que irão amá-lo.

Eu poderia prosseguir indefinidamente mencionando os benefícios espirituais de um relacionamento com Deus. Mas acho que você já ouviu outros cristãos falarem de como Jesus fez uma diferença real e tangível na vida deles. Não estou falando de alguns daqueles extremistas religiosos, mas de pessoas reais que você conhece, as quais vão lhe dizer que Deus é real e mudou a vida deles desde que começaram esse relacionamento com Ele. Mas, como eu disse antes, você só vai vivenciar esses benefícios quando assumir esse passo simples da fé, olhar para Jesus e dizer: "Eu acredito, vou confiar em você. Mostre-me o próximo passo."

O SIGNIFICADO FUNDAMENTAL

Além de todos os benefícios já listados, que são vivenciados no dia a dia, há um maior. É o benefício de ter uma vida com *significado*. Podemos viver o cotidiano e nos sentir bem exercendo boas práticas de felicidade, e podemos usar nossos talentos também para atingir objetivos e realizações que nos sejam gratificantes, mas, sem um propósito e um significado maior, ainda não estamos vivendo nossa vida no nível que Deus planejou. Como diz o pesquisador Martin Seligman:

> Acredito que a vida agradável esteja envolvida na busca bem-sucedida dos sentimentos positivos, complementados pelas habilidades de ampliar essas emoções. A vida boa, ao contrário, não diz respeito à maximização da emoção positiva, mas é uma vida relacionada ao uso bem-sucedido de suas potencialidades individuais para obter uma gratificação abundante e autêntica. A vida com significado tem uma característica adicional: o uso de suas potencialidades individuais a serviço

de algo maior do que você. Viver todas as três vidas conduz a uma vida *plena*.[9]

A fé em Deus nos conecta ao nosso significado fundamental. Quando nós O conhecemos, entendemos que toda vida tem significado e que estamos aqui por propósitos muito maiores do que o que acontece no dia a dia. Somos parte de Sua história e de Seus propósitos — que provavelmente são bem diferentes dos nossos. Também entendemos que nossa vida cotidiana significa muito mais do que jamais soubemos.

O significado presente em nossa luta

Até mesmo nossas lutas significam algo. Deus nos diz que Ele pode usar nossas experiências para nos tornar pessoas melhores, e que Ele pode extrair o bem das mais terríveis tragédias em nossa vida.

> *Sabemos que todas as coisas cooperam para o bem daqueles que amam a Deus, daqueles que são chamados segundo o seu propósito.*[10]

Com Deus, quando a vida não corre da maneira como planejamos, sabemos que Ele tem um propósito maior. Sabemos que, quando perdemos, *nem tudo está perdido*. Ele está nos levando a algum lugar, e amanhã tem um propósito do qual o hoje é apenas uma parte. Nada é desprovido de significado, e essa verdade nos permite lançar o melhor de nós em tudo o que fazemos, não importa qual possa ser o resultado. Essa é uma vida plena, com pleno engajamento, mesmo durante o sofrimento ou as dificuldades.

E em outros momentos em que é difícil encontrar significado no que está acontecendo, lembre-se de que viver para Ele sempre tem significado. Eis como Paulo coloca isso:

> *E tudo o que fizerdes, seja em palavra, seja em ação, fazei-o em nome do Senhor Jesus, dando por ele graças a Deus Pai.*
>
> *Tudo quanto fizerdes, fazei-o de todo o coração, como para o Senhor, e não para os homens.*[11]

A LEI DA FELICIDADE

Deus está nos levando a algum lugar, e o amanhã tem um propósito do qual o hoje é apenas uma parte.

O significado presente em nosso serviço

Até o trabalho tedioso com o qual você se aborrece tem significado, pois você está servindo à humanidade como parte do propósito de Deus. As tarefas simples que realiza para fazer sua família funcionar têm significado, pois você tem Seus braços e mãos cuidando deles. E quando dá seus dons e suas habilidades para servir com altruísmo e ser voluntário para a obra de Deus, em qualquer forma que seja, você é parte de uma significativa trama da vida. Foi por algum motivo que minha filha teve aquela sensação de calor em seu coração quando compartilhou seus biscoitos com seu amigo da pré-escola. Deus a conectou para sentir isso quando ela estava servindo como um instrumento do Seu amor pelos outros.

O significado presente na tristeza

A morte não se encaixa na vida. O momento em que mais fortemente sentimos a necessidade do significado é quando perdemos alguém que amamos. A morte não faz sentido, e, quando ocorre, sobretudo de forma inesperada ou com uma pessoa jovem, tudo dentro de nós grita: *Isto não está certo!* A razão de nossa alma gritar isso é porque é verdade. Deus nos disse que a morte não deveria fazer parte da nossa experiência. Ela só existe porque no início a raça humana O rejeitou.

Mas um relacionamento com Deus pode trazer significado até mesmo quando vivenciamos a morte. Ele nos diz que não apenas podemos entendê-la, mas passar por ela e ainda termos a esperança e o entendimento de que Seus propósitos continuam em andamento. Deus nos promete que ainda está presente, que Ele é maior do que a morte, e que mesmo quando morrermos vamos ser levados até Ele e também nos reuniremos com aqueles que se foram antes de nós.

Quando meus pais morreram com uma diferença de poucos meses um do outro, foi uma perda enorme, mas não houve desespero. Foi triste, mas foi também uma celebração. Aqueles que os conheceram celebraram o significado da vida deles, porque ambos tiveram uma vida plena (como diz Seligman), servindo a propósitos mais elevados do que eles mesmos. Durante décadas serviram a Deus e às pessoas, e se envolveram em muitas atividades de caridade e de serviço à comunidade. Suas vidas foram *significativas,* e nós as celebramos — não somente com tristeza, mas também com alegria e risos.

Mais do que isso, também celebramos que a morte deles não foi desprovida de significado. Foi o início de uma nova vida, aquela que poderíamos enxergar através dos olhos da fé. Todos podemos vê-los completamente curados, com um novo corpo, em seu novo reino celeste, com Deus. E saber, mediante a fé, que eles estão vivos e felizes hoje traz significado até mesmo para a morte.

Uma vez que já perdi outros membros da família e amigos chegados, posso atestar como é fantástico saber que a morte não é o fim para aqueles que têm fé. Saber que seus entes queridos ainda estão vivos, simplesmente em uma dimensão que não conseguimos enxergar, não só é imensamente reconfortante, como também traz significado ao que poderia ser o vazio fundamental. Sem a fé, quando alguém morre podemos achar que "a vida parece desprovida de sentido". Mas, quando entendemos que Deus ainda está presente, além da morte, e que Ele a explicar para nós, podemos prosperar mesmo quando a morte faz parte da vida.

A fé em Deus nos dá significado quando estamos vivos, quando estamos lutando, quando perdemos alguém que amamos, quando servimos aos outros e quando morremos. Em resumo, Deus *é* o significado de tudo. E, quando estamos conectados com Ele, descobrimos por que estamos aqui e o que tudo isso significa.

O otimismo baseado na fé

Você se sente feliz quando olha para o futuro e não enxerga nada além do vazio e da negatividade? Não muito. As pesquisas mostram que o poder do otimismo afeta não apenas a felicidade, mas o desempenho e o bem-estar na vida. As pessoas otimistas e esperançosas são mais felizes e mais saudáveis, mental e fisicamente. Até mesmo o seu sistema imunológico funciona melhor.[12] Podemos dizer pelos resultados das pesquisas que o otimismo "imuniza" tanto o seu corpo quanto o seu cérebro.

É importante nos concentrarmos no pensamento positivo e trabalharmos para mudar nossos estilos de pensamento, como mostra o capítulo sobre o pensamento. Quando estamos fundamentados no nosso relacionamento com Deus, podemos encarar qualquer coisa que aconteça com otimismo. Sabemos que Ele extrairá o bem de tudo isso e nos liderará na resolução de qualquer dificuldade que atravessemos. Ele nos promete fazer isso.

Não só isso, mas grande parte da infelicidade na nossa vida tem a ver com nossas próprias falhas, questões pessoais, preocupações emocionais e o medo de não conseguirmos mudar. "Por que eu não posso ser diferente?" é com frequência o grito de nossa alma quando falhamos ou quando de alguma maneira explodimos. Bem, a resposta certa da Bíblia é que "você pode!". Quando pedimos a Deus que nos modifique, Ele promete nos tornar diferentes, nos transformar no decorrer do tempo e nos tornar pessoas melhores, mais maduras, e a Bíblia diz que Ele completará esse processo:

Estou plenamente certo de que aquele que começou boa obra em vós há de completá-la até ao dia de Jesus Cristo.[13]

Não importa qual tenha sido seu último fracasso; se você pedir a Deus para transformá-lo em alguém diferente, Ele o fará.

As promessas de Deus para cuidar das nossas necessidades, para nos conduzir e nos orientar, para criar um futuro e uma esperança para nós, e para nos transformar em quem precisamos ser são a base para a vida mais otimista e, portanto, mais saudável e feliz possível. Como diz a Bíblia,

Se Deus é por nós, quem será contra nós?[14]

Isso é, de fato, otimismo. Portanto, quando a vida o atinge de maneira dura, se você tem fé pode olhar para o futuro com uma esperança que é real, porque é baseada em Alguém muito maior do que você.

Fechando o círculo

Ao longo deste livro, relatei descobertas de pesquisa sobre a fé e também um pouco do que a Bíblia diz. Mas tenho de acrescentar uma última história, que é mais pessoal e, para mim, a mais poderosa.

Eu contei como Deus se tornou a âncora da vida de meu pai quando o mandaram voltar para casa sem muita esperança. Posso também atestar a mesma realidade. Escrevi extensivamente sobre a minha história no livro *O segredo de Deus*. Não vou repetir tudo aqui, mas quis contar mais esta história sobre fé, esperança e otimismo.

Quando comecei minha jornada com Deus, eu tinha pouca fé, nenhuma esperança e nenhum otimismo. Estava em uma época da minha vida em que havia chegado ao fundo do poço. Havia tentado fazer tudo funcionar e estava fracassando — no meu desempenho, nos meus relacionamentos e nas minhas emoções. Eu não sabia o que ia fazer na vida ou como fazer com que meus relacionamentos funcionassem, e estava muito deprimido. Não me sentia exatamente na posição de ajudar quem quer que fosse, quanto mais me engajar em uma carreira para ajudar outras pessoas.

Nesse desespero de infelicidade, recorri a Deus. Pedi a Jesus, se Ele fosse real, para Se mostrar para mim, e prometi que, se Ele me ajudasse, eu faria tudo o que me dissesse para fazer. A versão curta é "Ele fez" e "eu fiz". Ele se mostrou e eu O segui.

O resultado é que Ele fez o que eu lhes disse neste capítulo que Ele faz. Ele me orientou, me modificou, me ensinou, me sustentou e fez tudo o mais que me prometeu. Isso não é pesquisa psicológica, científica ou de escritos antigos. É a verdade da minha experiência. E agora a jornada fechou o círculo. Aquele que costumava estar desesperado está agora compartilhando esperança. Para mim, isso é um milagre e o ponto para o qual quero chamar a atenção: se Jesus não fosse real, eu não poderia ter fechado este círculo. Eu saberia a mesma coisa sobre a felicidade que sabia naquela época, nem estaria em posição de ajudar ninguém, que dirá estar em uma profissão de ajuda! Se você tivesse me dito naquela ocasião que eu estaria fazendo o que faço hoje e escrevendo livros sobre felicidade e esperança, eu teria achado você um lunático. E, por todas as razões realistas, você teria sido.

Mas a fé vai além da razão, para uma realidade que não podemos ver. Ela vai além da disfunção e da desesperança que podemos estar vivenciando, como eu estava na época, e enxerga *quem e o que podemos ser um dia por causa de quem Deus é.* Como diz a Bíblia, a fé é a "certeza de coisas que se esperam".[15] O fato de você não poder ver Deus não significa que Ele não esteja lá. Você ouviu o rádio hoje? Ou usou um micro-ondas? A música e as micro-ondas que você não consegue ver vêm pelo ar todos os dias. E o Deus invisível também. Ele nos envia mensagens e energia que modificam nossa vida se estivermos sintonizados. E tudo isso está "além da razão" e além do que você pode ver. Mas é tão real quanto qualquer coisa que você possa tocar ou sentir.

Portanto, convido você, em sua busca pela felicidade, a conhecer Aquele que planejou tudo isso. Deus criou a vida e Jesus veio para nos liderar nela, exatamente como foi planejado. Tudo o que você tem a fazer é, como meu pai, parar um momento e pedir. Se fizer isso, Ele estará presente.

NOTAS

1. A ciência da felicidade

1 Sonja Lyubomirsky, *The How of Happiness*. Nova York: Penguin Books, 2007, p. 20-21.

2 Alan Carr, *Positive Psychology: The Science of Happiness and Human Strengths*. Nova York: Routledge, 2004, p. 32.

3 Lyubomirsky, *The How of Happiness*.

4 Ibid., p. 20-21.

5 Ibid., p. 20-23.

2. As pessoas felizes são generosas

1 Shankar Vedantam, "If It Feels Good to Be Good, It Might Only Be Natural", *Washington Post*, 28/5/2007.

2 Elizabeth W. Dunn, Lara B. Aknin, Michael I. Norton, "Spending Money on Others Promotes Happiness", *Science*, 319, nº 5.870 (2008): p. 1687-88.

[3] Carolyn Schwartz *et al.*, "Altruistic Social Interest Behaviors Are Associated with Better Mental Health", *Psychosomatic Medicine*, 65 (2003), p. 778-85.

[4] Levítico 27:30.

[5] Êxodo 23:16.

[6] Ver Lucas 12:15.

[7] 2 Coríntios 9:6-7.

[8] Êxodo 18:18.

[9] Mateus 6:21.

[10] Hebreus 10:24.

[11] Lucas 6:35.

3. As pessoas felizes não são preguiçosas em relação à felicidade

[1] Filipenses 2:12-13.

[2] Hebreus 6:12.

4. As pessoas felizes não esperam acontecer

[1] Mateus 6:34.

[2] Sonja Lyubomirsky, *The How of Happiness*. Nova York: Penguin Books, 2007, p. 197.

[3] Efésios 5:15-16.

[4] Eclesiastes 3:22, 5:19, 11:8.

[5] Ver Lucas 12:15.

[6] Ver Provérbios 5:18.

5. As pessoas felizes correm atrás dos objetivos

[1] Provérbios 13:12.

[2] Sonja Lyubomirsky, *The How of Happiness*. Nova York: Penguin Books, 2007, p. 205.

[3] Ver Romanos 12:1-8.

[4] Eclesiastes 4:9-12.

6. As pessoas felizes se envolvem totalmente

[1] Colossenses 3:23.

[2] Mihaly Csikszentmihalyi, *Flow: The Psychology of Optimal Experience*. Nova York: HarperCollins e-books, 1990, p. 1098-1103.

[3] Martin Seligman, *Authentic Happiness*. Nova York: Free Press, 2002, p. 117. [Ed. bras.: *Felicidade autêntica*. Rio de Janeiro: Ponto de Leitura, 2009.]

[4] I Crônicas 28:9.

7. As pessoas felizes se conectam

[1] Colossenses 2:2.

[2] Colossenses 3:14.

8. As pessoas felizes não se comparam com as outras

[1] Gálatas 6:4-5.

[2] Sonja Lyubomirsky, *The How of Happiness*. Nova York: Penguin Books, 2007, p. 119.

[3] Lyubomirsky, *How of Happiness*, p. 117.

[4] Gálatas 6:4.

9. As pessoas felizes pensam com critério

[1] Deuteronômio 6:24.

[2] Ver Romanos 8:38-39.

[3] Ver Filipenses 4:13.

[4] Ver Provérbios 24:14.

[5] Romanos 5:5.

[6] Romanos 12:2.

[7] Coríntios 10:4-5.

[8] Ver Eclesiastes 7:20.

[9] Tiago 1:17.

[10] Ver João 16:33.

[11] Romanos 8:28.

[12] Ver Romanos 12:2.

[13] Ver 2 Coríntios 10:5.

10. As pessoas felizes são gratas

[1] I Tessalonicenses 5:18.

[2] Salmos 30:12.

[3] Salmos 35:18.

[4] Sonja Lyubomirsky, *The How of Happiness*. Nova York: Penguin Books, 2007, p. 90.

[5] Mateus 7:24-27.

11. As pessoas felizes têm limites

[1] Provérbios 4:23.

[2] Provérbios 22:5.

[3] Ver Deuteronômio 6:4-6.

[4] Salmos 101:3-8.

[5] Provérbios 22:3.

[6] Salmos 141:3.

12. As pessoas felizes perdoam

[1] Alan Carr, *Positive Psychology: The Science of Happiness and Human Strengths*. Nova York: Routledge, 2004, p. 256.

[2] Sonja Lyubomirsky, *The How of Happiness*. Nova York: Penguin Books, 2007, p. 172.

[3] I João 4:19.

[4] Colossenses 2:13.

[5] Efésios 4:32.

[6] Mateus 6:15.

[7] Salmos 103:2-5.

[8] Miqueias 7:18.

13. As pessoas felizes recebem um chamado

[1] Robert N. Bellah, Richard Madsen, William M. Sullivan, Ann Swidler & Steven M. Tipton, *Habits of the Heart: Individualism and Commitment in American Life*. Nova York: HarperCollins, 1986, p. 66.

[2] Efésios 2:10.

[3] Colossenses 3:23.

[4] Martin Seligman, *Authentic Happiness*. Nova York: Free Press, 2002, p. 166-167.

14. As pessoas felizes têm fé

[1] Sonja Lyubomirsky, *The How of Happiness*. Nova York: Penguin Books, 2007, p. 228.

[2] Ibid., p. 228.

[3] Alan Carr, *Positive Psychology: The Science of Happiness and Human Strengths*. Nova York: Routledge, 2004, p. 222.

4 Kenneth Pargament, *The Psychology of Religion and Coping.* Nova York: Guilford, 1997.

5 João 10:10.

6 Deuteronômio 6:24.

7 Salmos 22:9.

8 João 3:3.

9 Martin Seligman, *Authentic Happiness.* Nova York: Free Press, 2002, p. 249.

10 Romanos 8:28.

11 Colossenses 3:17, 23.

12 Carr, *Positive Psychology.*

13 Filipenses 1:6.

14 Romanos 8:31.

15 Hebreus 11:1.

Como entrar em contato com o Dr. Cloud

Para agendar palestras, consultorias ou entrevistas na mídia, entre em contato com o Dr. Cloud pelo e-mail info@drcloud.com. Junte-se a ele também no Facebook (www.facebook.com/drhenrycloud) e no Twitter (www.twitter.com/drhenrycloud).

Este livro foi composto em Centaur MT
para a Editora Planeta do Brasil
em julho de 2011.